DAMPFGAREN

MODERNES KOCHEN FÜR DIE GANZE FAMILIE

Bildnachweis:

Miele: Cover, Umschlagrückseite, Seite 4, 6 u., 7 o., 8 li. u., 12, 13 li., 20, 44, 55, 59, 81, 89, 97, 105, 119
Kneipp-Verlag/Peter Barci: Seite 6 o., 7 u., 27, 30, 35, 41, 51, 63, 69, 73, 85, 93, 101, 111, 115, 123, 127
iStockphoto.com: Seite 8 ob. u. re. u., 10, 11, 13 re., 14, 15, 16, 17, 18, 19, 23, 49, 79, 107
Silvia Bogdanski – Fotolia.com: Seite 67, 77

Sieger des World Cookbook Award 2009 in der Kategorie:
BEST FOOD SECTOR CORPORATE BOOK

Impressum:

Autorin: Univ.-Doz. Dr. Ingrid Kiefer
Lektorat: Mag. Waltraud Wetzlmair-Zechner, Mag. Eva Manhardt
Cover: Andrea Barth, www.guter-punkt.de
Graphische Gestaltung: Beatrix Kutschera, www.atelier21.at
Technische Betreuung: Johann Kutschera, www.atelier21.at
Druck: Theiss GmbH, A-9431 St. Stefan

www.kneippverlag.com

ISBN: 978-3-7088-0468-2

3. Auflage, Februar 2010

INGRID KIEFER

DAMPFGAREN

MODERNES KOCHEN FÜR DIE GANZE FAMILIE

VORWORT

Gesund und schmackhaft kochen ist für mich seit Jahren eine Herausforderung. Als leidenschaftliche Köchin habe ich zahlreiche Rezepte abgewandelt, immer wieder neue ausprobiert und so auch schon bei vielen Kochbüchern mitgeschrieben. Eine ganz große Herausforderung war für mich aber das Kochen mit Dampf. Vor einigen Jahren habe ich diese Garmethode für mich entdeckt. Es gab damals kaum Rezepte, und so wurde ich Schritt für Schritt immer kreativer. Vieles habe ich ausprobiert, optimiert, und so entstand schließlich eine Rezeptsammlung, die ich nun in diesem Buch zusammengefasst habe. Zahlreiche Gäste waren meine kritischen Testesser.

Sehr schnell waren mir die Vorzüge dieser Garmethode bewusst. Neben den ernährungsphysiologischen Vorteilen schätze ich vor allem die Einfachheit der Zubereitung und vielfach den Zeitgewinn, da ich die Garzeit anderweitig nutzen kann – egal, ob ich schnell meine Mails checke, vor dem Essen dusche oder auch noch andere Hausarbeiten erledige. Ich brauche während der Garzeit nicht am Herd zu stehen, nicht umzurühren, nicht Sorge zu tragen, dass etwas anbrennt. Weiters kann ich vieles vorbereiten, was gerade bei Gästen große Vorteile hat, noch dazu, da meine Küche offen ist und mir jeder sozusagen auf die Finger schauen kann. Überzeugt hat mich persönlich aber auch der Geschmack der Speisen. Bei diesem Kochbuch hat mich meine Mutter wieder sehr unterstützt. Zahlreiche Rezepte hat sie ausprobiert und mit mir gemeinsam optimiert, damit diese auch mit den verschiedenen Dampfgarmethoden gelingen.

Ich wünsche Ihnen ein gutes Gelingen und guten Appetit bei den köstlichen, gesunden Speisen.

Ingrid Kiefer

INHALT

100

KOCHEN MIT DAMPF: EINE ALTE METHODE NEU ENTDECKT

Die Chinesen bereiten seit undenklichen Zeiten ihre leckeren Dim Sum in Bambuskörben über dem Dampf zu, die Marokkaner dämpfen ihren Couscous in speziellen Dampfgefäßen aus Ton und auch bei uns ist es keine neue Erfindung, eine Tasse Wasser ins Backrohr zu stellen, um sich den heißen Wasserdampf zunutze zu machen. Dampfgaren ist seit jeher eine bedeutende Zubereitungsmethode und liegt derzeit voll im Trend. Kein Wunder: Dampfgaren ist eine schonende Garmethode und noch dazu ganz einfach.

LEICHTE KÜCHE

Aber nicht nur die Handhabung ist kinderleicht, auch die Gerichte versprechen ein leichtes kulinarisches Vergnügen, denn sie können sehr kalorienarm zubereitet werden und liegen auch deshalb voll im Trend. Durch das Dämpfen werden Lebensmittel nicht ausgelaugt – viele wertvolle Inhaltsstoffe bleiben erhalten. Zu den weiteren Vorteilen zählt, dass nichts anbrennt oder übergeht und dass die Garzeit für andere Aktivitäten genutzt werden kann. Kein Umrühren, kein Zurückschalten der Temperatur oder Ähnliches ist erforderlich. Außerdem können mehrere Gerichte gleichzeitig gegart werden, ohne dass es zu Geruchsvermischungen kommt.

Dampfgaren ersetzt aber nicht alle anderen Zubereitungsarten. Will man eine krosse Kruste, dann bewährt sich das Backrohr oder die Bratpfanne. Im Dampf entsteht auch keine Braunfärbung wie beim Anrösten oder Anbraten.

ZUBEREITUNGSARTEN	
Geeignet	**Weniger geeignet**
▶ Garen mit Dampf ▶ Dünsten ▶ Backen ▶ Grillen ▶ Kochen mit Römertopf	▶ Frittieren: erhöht den Fett- und somit den Kaloriengehalt ▶ Langes Kochen: laugt aus und reduziert vor allem die wasserlöslichen Vitamine wie Vitamin C, B, Folsäure ▶ Backen bei hohen Temperaturen: (>170 °C) erhöht das Risiko einer Acrylamidbildung, vor allem bei stärkehaltigen Lebensmitteln wie bei Brot, Keksen, Lebkuchen

KOCHEN MIT DAMPF

Beim Dämpfen werden Lebensmittel langsam und nährstoffschonend im Wasserdampf gegart. Zum perfekten Dämpfen verhilft das entsprechende Geschirr oder die entsprechenden Gerätschaften.

Die Möglichkeiten des Dampfgarens

IM TOPF

Töpfe mit Dämpfeinsatz

Durch Dämpfeinsätze kann in allen Töpfen ganz leicht dampfgegart werden. Wichtig ist hier ein gut schließbarer Deckel. Wasser wird bis unter den Dämpfeinsatz eingefüllt und zum Kochen gebracht, dann wird das zu dämpfende Gericht oder Lebensmittel in den Dämpfeinsatz gegeben und zugedeckt. Für ein besonderes Aroma kann man je nach Gericht statt Wasser auch Weißwein oder Brühe verwenden. Je nach Größe des Topfes

Gitter-Dämpfeinsätze sind flexibel und lassen sich der jeweiligen Topfgröße anpassen.

ist die Garmenge begrenzt. Gitter-Dämpfeinsätze sind flexibel und lassen sich der jeweiligen Topfgröße anpassen, sie können daher für verschiedene Topfgrößen verwendet werden.

Dämpftöpfe

Eigene Dämpftöpfe aus Edelstahl oder Aluminium gibt es in verschiedenen Größen. Mit ihnen kann in Etagen gegart werden.

Dämpftöpfe gibt es in verschiedenen Größen.

Wok

Jeder Wok hat ein spezielles Gitter, auf das man das Gargut legen kann. Den Wok bis zu einem Drittel hoch mit Wasser füllen, Gitter einlegen und Wasser erhitzen. Eine besondere Art des Dämpfens im Wok ist die Verwendung von Bambuskörben. Sie sind in der asiatischen Küche nicht mehr wegzudenken.

Dampfdrucktopf

Hier erhöht sich die Hitze des Wasserdampfs auf 120 °C. Das Kochgut ist sehr schnell gar. Mit dem Dampfdrucktopf können die Rezepte des Buches allerdings nur eingeschränkt nachgekocht werden. Besonders geeignet ist dieser Kochtopf aber für Kartoffeln, Rote Rüben und für Fleischgerichte wie z. B. Tafelspitz.

Eine besondere Art des Dämpfens im Wok ist die Verwendung von Bambuskörben.

IM BACKROHR

Auch im Backrohr kann mit Dampf gekocht werden. Dazu stellt man Wasser ins Backrohr. Bei vielen Rezepten für Soufflés, aber auch für Brot und Gebäck ist dies üblich.

Im Dampfgarbeutel

Dampfgarbeutel sind einfach in ihrer Bedienung. Gemüse, Fleisch oder Fisch wird hineingelegt, gut verschlossen und anschließend im Backrohr oder auch in der Mikrowelle gegart. Man muss keine zusätzliche Flüssigkeit einfüllen.

Standgeräte können einfach auf die Arbeitsplatte gestellt werden.

IM PROFESSIONELLEN HAUSHALTSDAMPFGARER

Seit einigen Jahren gibt es spezielle Dampfgarer. Standgeräte werden in der Küche auf die Arbeitsplatte gestellt und können somit auch ideal in bereits bestehende Küchen integriert werden. Der externe Dampferzeuger wird mit Wasser befüllt und schon kann man mit dem erzeugten Dampf viele Gerichte auf mehreren Ebenen gemeinsam zubereiten. So sind Hauptspeisen, Beilagen und auch Desserts gleichzeitig ohne Geruchs- und Geschmacksübertragung herstellbar.

Zusätzlich gibt es hochwertige Einbau-Dampfgarer. Sie sind derzeit der große Renner bei allen Küchenneuausstattern, aber auch beim Nachrüsten in einer bestehenden Küche, beispielsweise als Ersatz für die Mikrowelle. Sie beherrschen nicht nur das klassische Dampfgaren – Spitzengeräte können zusätzlich sogar Dampf mit Heißluft kombinieren und so knusprige Braten und Brot herstellen.

RICHTIG KOCHEN MIT DAMPF

Dampfgaren ist sehr einfach und lässt der eigenen Kreativität einen großen Spielraum. Dennoch sollten einige Grundregeln beachtet werden, damit die Gerichte auch gelingen.

Für alle Speisen mit Sauce und Lebensmittel, die quellen müssen (wie beispielsweise Getreide, Linsen, Nudeln), sollte man unbedingt einen geschlossenen Garbehälter (also ohne Lochung am Boden oder Gitter) bzw. entsprechende Gargefäße verwenden. Auch Aufläufe und Soufflés immer in die entsprechenden Auflaufformen geben.

Dämpfeinsätze und gelochte Garbehälter sind vor allem für das Garen von Gemüse, diversen Rouladen, Knödeln, Germ(Hefe)gebäck (Germknödeln, Brötchen) oder auch Fisch geeignet.

Für das Garen von Gemüse eignen sich vor allem gelochte Garbehälter.

Achtung: *Die angegebenen Garzeiten sind nur Richtwerte und hängen maßgeblich vom verwendeten Gerät ab. Beachten Sie hier auch die Angaben diverser Hersteller.*

Obst und Gemüse

Fünf Portionen Obst und Gemüse sollten pro Tag verzehrt werden. Von einigen wenigen Ausnahmen abgesehen (Avocado, Trockenfrüchte) enthalten Gemüse und Obst nur sehr wenig Energie. Sie sind daher ideal, um den kleinen Hunger zwischendurch zu stillen oder den ganz großen Hunger abzuschwächen. Besonders gute Qualität, Sorten der Saison und regionale Produkte sollten bevorzugt werden.

Obst und Gemüse decken einen Großteil des täglichen Vitamin- und Mineralstoffbedarfs. Sie sollten zum Teil auch roh gegessen werden. Im Dampf zubereitet bleibt aber ein Großteil der wichtigen Inhaltsstoffe erhalten.

Grundsätzlich gilt: Je bunter die Ernährung, desto besser! Empfehlenswert ist ein „bunter Regenbogen“ auf dem Teller.

BESONDERS BEACHTENSWERT

- Gemüse behält die natürliche Farbe.
- Gemüse wird nicht ausgelaugt, wertvolle Inhaltsstoffe bleiben deshalb erhalten.
- Nur wenig Salz ist erforderlich.
- Zugabe von Fett ist nicht erforderlich.
- Für sämige Saucen kann zum Schluss Magerjoghurt untergerührt oder ein Teil des gekochten Gemüses mit dem Stabmixer püriert werden.
- Gefrorenes Gemüse unaufgetaut zubereiten.
- Gemüse mit gleicher Garzeit verwenden oder entsprechend nachfüllen.
- Fast alle Kartoffelteige (z. B. Kartoffelknödel, Gnocchi, Schupfnudeln) eignen sich zum Dämpfen.

Farbe und Inhaltsstoffe von Obst und Gemüse bleiben im Dampfgarer erhalten.

Getreide und Getreideprodukte

Getreide eignet sich hervorragend für das Dampfgaren.

Reis, Nudeln, Getreideflocken, Grieß, Bulgur, Couscous (möglichst Vollkorn) sind neben dem Gemüse und Obst die wichtigste Grundlage der täglichen Ernährung. Sie haben eine hohe Sättigungswirkung. Das gilt besonders für Vollkorngetreideprodukte, da die enthaltenen Ballaststoffe im Verdauungstrakt aufquellen und für lang anhaltende Sättigung sorgen. Vollkornprodukte haben aber auch noch einen viel höheren Anteil an Vitaminen und Mineralstoffen.

Gerade Getreide eignet sich hervorragend für das Dampfgaren, obwohl es im Dampfgarer nicht schneller zuzubereiten ist als gewöhnlich im Kochtopf. Ganz wichtig ist das richtige Verhältnis von Getreide zur Flüssigkeit, das je nach Dampfgarmethode bzw. Gerät variiert. Wird zu wenig Flüssigkeit verwendet, kann das Getreide nicht ausreichend quellen und bleibt hart. Wird jedoch zu viel genommen, kann die verbleibende Flüssigkeit einfach abgegossen werden. Manche Getreidesorten kann man vor dem Dämpfen einweichen, das verkürzt die Gardauer. In diesem Fall wird das Getreide im angegebenen Verhältnis Getreide : Wasser eingeweicht und dann im Einweichwasser gedämpft.

BESONDERS BEACHTENSWERT

- Immer ungelochte Gargefäße verwenden.
- Die Flüssigkeitsmenge variiert je nach Dampfgarmethode bzw. Gerät. Entnehmen Sie das genaue Verhältnis Getreide : Flüssigkeit bitte der Gebrauchsanleitung Ihres Gerätes.
- Das Dampfgaren verkürzt die Gardauer nicht! Es dauert genauso lange wie beim Kochen im Kochtopf.
- Einweichen von Getreide verkürzt die Garzeit.
- Getreide wie Reis, Polenta, Grieß oder Couscous können auch zu Desserts verarbeitet werden (Milchreis, Grießbrei u.v.m.).
- Teigwaren müssen reichlich mit Flüssigkeit bedeckt sein, um gar zu werden.

Auch Brötchen können mit Dampf zubereitet werden. Ihnen fehlen allerdings die Bräunung und die knusprige Krumme. Dampfbrötchen sind sehr weich, schmecken aber hervorragend. Milchbrötchen eignen sich für diese Zubereitungsart besonders gut und sind bei Kindern sehr beliebt.

Auch Brötchen können mit Dampf zubereitet werden.

Tipp: Getreide immer in größeren Mengen kochen und auch für andere Speisen weiterverarbeiten. So ergibt gekochter Reis oder auch Couscous mit Fruchtjoghurt ein leckeres, schnell zubereitetes Müsli am nächsten Tag. Mit Gemüse kann man auch diverse Salate zubereiten. Diese eignen sich hervorragend zum Mitnehmen ins Büro.

Tipp: Getreideflocken mit Milch oder Wasser kurz gedämpft sind optimal für das Frühstück.

Hülsenfrüchte

Bohnen, Linsen, Erbsen, aber auch Soja sind ganz wichtige Eiweißquellen und liefern außerdem viele pflanzliche Schutzstoffe. Rote und schwarze Linsen haben kurze Garzeiten und sind ideale Beilagen für Fischgerichte.

Einweichen verkürzt die Garzeit.

BESONDERS BEACHTENSWERT

- Immer geschlossene Gargefäße verwenden.
- Die Flüssigkeitsmenge zum Quellen entspricht der gleichen Menge, die auch beim Kochen verwendet wird. Nicht weniger Flüssigkeit verwenden! Genaue Angaben können oft der Kochanleitung auf der Packung entnommen werden.
- Das Dampfgaren verkürzt die Gardauer nicht! Es dauert genauso lange wie beim Kochen im Kochtopf.
- Einweichen verkürzt die Garzeit.
- Tofu ist ideal zu Gemüsegerichten. Er benötigt nur kurze Garzeiten, kann aber auch erst nach der Garzeit zugegeben werden.

Tipp: *Rote und schwarze Linsen sind besonders schnell gar und müssen nicht eingeweicht werden.*

Fleisch und Fleischprodukte

Fleisch und Wurstwaren sollten selten auf den Tisch kommen, da sie neben den ungünstigen Fettsäuren auch noch reichlich Cholesterin und Purine enthalten. Bevorzugen Sie immer fettarme Teilstücke und besonders „weißes Fleisch“, wie Pute oder Huhn ohne Haut. Dennoch haben auch die anderen Fleischsorten ihre Qualitäten. „Rotes Fleisch“, wie Rind oder auch Lamm, sind besonders reich an Eisen und Schweinefleisch liefert unter anderem sehr viel Vitamin B1, das unsere Nerven stärkt und die Konzentration fördert.

Fleisch wird durch das Dampfgaren sehr saftig. Weißes Fleisch wirkt aber eher blass, da keine Bräunung erfolgt. Dadurch fehlen auch die oft für das Fleisch typischen Aromastoffe, die beim scharfen Anbraten entstehen. Durch die Zugabe von Kräutern kann dies aber sehr leicht ausgeglichen werden.

BESONDERS BEACHTENSWERT

- Weißes Fleisch wird innerhalb kürzester Zeit gar und bleibt saftig.
- Durch das Einrollen in grüne Blätter (Spinat, Kohl, Mangold) bringt man Farbe auf den Teller.
- Würste sollten vor dem Garen angestochen werden. Sie springen dann nicht auf. Im Dampfgarer bei 85 °C – 90 °C springen sie auch ohne Einstechen nicht auf.
- Fleisch kann man mit verschiedensten Gemüsesorten belegen und so dämpfen.

Fleisch bleibt durch das Dampfgaren sehr saftig.

Fisch

Fische sind sehr eiweißreich, Seefische sind außerdem eine gute Jodquelle. Alle Kaltwasserfische zeichnen sich auch noch durch ihren hohen Gehalt an den besonders wertvollen Omega-3-Fettsäuren aus. Lachs, Thunfisch, Hering und Makrele können und sollen aus diesem Grund – auch trotz ihres insgesamt hohen Fettgehaltes – regelmäßig gegessen werden. Fisch und Dampfgaren stellt eine ideale Kombination dar: Das zarte Fleisch des Fisches wird schonend behandelt.

Fisch und Dampfgaren stellt eine ideale Kombination dar.

BESONDERS BEACHTENSWERT

- Verwenden Sie bei frischem Fisch immer einwandfreie Ware.
- Fischfilets können mit verschiedenen Gemüsesorten und Farcen gefüllt und eingerollt werden.
- Fisch im Bananenblatt (bekommt man in Asien-Shops, meist tiefgekühlt) erhält ein ganz besonderes Aroma.
- Tiefgekühlten Fisch nicht auftauen, sondern im gefrorenen Zustand dämpfen.
- Fische haben eine besonders kurze Garzeit.

Tipp: *Fischröllchen kann man mit Schnittlauch zusammenbinden. Sieht sehr dekorativ aus.*

Süßes

Süßes sollte selten, in kleinen Mengen, dafür aber mit Genuss gegessen werden. Viele süße Köstlichkeiten können aus Milchprodukten (Topfen/Quark, Milch) oder auch aus Getreide (Reis, Hirse, Haferflocken) zubereitet werden. Geben Sie für eine Extraportion Vitamine einfach Obst dazu (Milchreis mit Früchten, Getreideporridge mit Äpfeln oder Topfenauflauf mit Fruchtmus).

Dampfgaren eignet sich besonders für süße Soufflés und Aufläufe. Aber auch Obstknödel und alle möglichen Köstlichkeiten aus Germ(Hefe)teig (z. B. Dampfnudeln) werden besonders locker im Dampf.

BESONDERS BEACHTENSWERT

- Soufflés und Aufläufe kann man auch gleich in feuerfeste Kaffeetassen füllen und so servieren. So müssen sie nicht gestürzt werden.
- Förmchen nicht bis an den oberen Rand anfüllen, da die Masse aufgeht.
- Teige aus Topfen, Grieß oder auch Mehl sollte man immer mindestens 30 Minuten im Kühlschrank rasten lassen.

Tipp: Auch Marmeladen und Chutneys lassen sich ganz toll im Dampfgarer zubereiten!

Chutneys lassen sich im Dampfgarer wunderbar zubereiten.

BEWUSST KOCHEN – GESUNDE ERNÄHRUNG LEICHT GEMACHT

Richtige Ernährung beginnt bei der Auswahl der Zutaten und bei der Zubereitung. Charakteristisch für das bewusste Kochen sind:

- Hoher Anteil an Gemüse und Obst als Fitmacher
- Reichlich Getreide und Hülsenfrüchte als Sattmacher
- Hauptsächlich fettarme Fleischsorten, insbesondere aber „weiße Fleischsorten" wie Geflügel oder Pute ohne Haut
- Wenig tierische Fette
- Wenn Fette, dann qualitativ hochwertige wie Raps- oder Olivenöl
- Sparsamer Umgang mit Zucker
- Fettarme Milch- und Milchprodukte
- Wenig Salz, dafür reichlich Kräuter und andere Gewürze
- Viel Geschmack und Genuss
- Schonende Zubereitungsarten wie Dämpfen und Dünsten

HINWEIS ZU DEN REZEPTEN

Da die hier vorgestellten Gerichte mit verschiedenen Dampfgarmethoden (Bambuskörbchen, Dämpfeinsatz für den Kochtopf, Dampfgarer) zubereitet werden können, kann es zu unterschiedlichen Garzeiten kommen.

Nicht alle Rezepte eignen sich für alle Dampfgarmethoden, dementsprechende Hinweise finden Sie jeweils beim Rezept.

Dampfgarer	Dämpfeinsatz	Bambuskörbchen
✔	✔	✔

Unsere Rezepte wurden in einem Miele-Dampfgarer erprobt. Die angegebene Gardauer bezieht sich auf dieses Gerät. Bitte beachten Sie die Hersteller-Information Ihres Gerätes hinsichtlich Temperaturwahl und Gardauer.

GETREIDE

HAFERPORRIDGE

4 Portionen

200 g feine Haferflocken
700 ml Magermilch
2 TL Honig
200 g Erdbeeren

Nährwert pro Portion:

kcal: 275
Eiweiß: 14 g
Fett: 4 g
Kohlenhydrate: 46 g
Ballaststoffe: 4 g

Dampfgarer	Dämpfeinsatz	Bambuskörbchen
✔		

Zubereitung:

Haferflocken und Milch in eine feuerfeste, ungelochte Form geben, mit Honig süßen.

10 Minuten dämpfen.

Erdbeeren waschen, schneiden und vor dem Servieren unterrühren.

Tipp:
Statt Erdbeeren eignen sich alle Obstsorten, aber auch Trockenfrüchte wie Feigen, Marillen oder Rosinen.

Hinweis:

Ideal für den Start in den Tag für alle, die geistige und körperliche Höchstleistungen vollbringen müssen.

GETREIDEPORRIDGE

4 Portionen

100 g feine Haferflocken
100 g Hirseflocken
700 ml Magermilch
2 Äpfel
2 TL Honig
Zimt

Nährwert pro Portion:

kcal: 290
Eiweiß: 12 g
Fett: 4 g
Kohlenhydrate: 51 g
Ballaststoffe: 4 g

Dampfgarer	Dämpfeinsatz	Bambuskörbchen
✔		

Zubereitung:

Hafer- und Hirseflocken in vier kleine Auflaufformen geben, mit Milch übergießen.

10 Minuten dämpfen.

Äpfel reiben und gemeinsam mit dem Honig zu den warmen Flocken geben. Mit Zimt bestreuen.

Tipp:

Statt der Flocken kann man auch Grieß verwenden. Damit verlängert sich aber die Garzeit auf 15 – 20 Minuten. Zusätzlich kann man auch Karotten hineinreiben und auf den Zimt verzichten.

Hinweis:

Optimal für Anstrengungen aller Art und als Vorbereitung für stressige Tätigkeiten. Die Haferflocken sorgen für Gelassenheit.

WARMES MÜSLI

4 Portionen

200 g Getreideflocken
700 ml Magermilch
2 TL Honig
2 EL Rosinen
2 Dörrpflaumen
40 g Walnüsse

Nährwert pro Portion:

kcal: 355
Eiweiß: 14 g
Fett: 10 g
Kohlenhydrate: 52 g
Ballaststoffe: 4 g

Dampfgarer	Dämpfeinsatz	Bambuskörbchen
✔		

Zubereitung:

Getreideflocken und Magermilch in eine feuerfeste, ungelochte Form geben, mit Honig süßen. Rosinen und Dörrpflaumen fein hacken und zu den Getreideflocken geben.

15 Minuten dämpfen.

Walnüsse fein hacken und zum Müsli geben.

Tipp:
Auch getrocknete Feigen oder Marillen können verwendet werden. Besonders schmackhaft wird dieses Müsli, wenn man auch noch einen halben Apfel hineinreibt.

Hinweis:

Dieses Müsli ist besonders gut verträglich. Optimal für Aktive.

MÜSLI-APFEL-WECKERL

15 Stück

350 g Weizenvollkornmehl
150 g Buchweizenmehl
1 Pkg. Trockenhefe
1 TL Honig
300 ml Wasser, lauwarm
1 Ei
150 g feine Haferflocken
150 g Apfel, geraspelt
etwas Zitronensaft
1 TL Salz

Nährwert pro Stück:

kcal: 165
Eiweiß: 5 g
Fett: 2 g
Kohlenhydrate: 31 g
Ballaststoffe: 2 g

Dampfgarer	Dämpfeinsatz	Bambuskörbchen
✔		✔

Zubereitung:

Alle Zutaten zu einem festen Teig verkneten und an einem warmen Ort ca. 30 Minuten gehen lassen. Anschließend den Teig in 15 gleich große Stücke teilen und Laibchen formen.

Um ein Ankleben der Brötchen zu verhindern, den gelochten Garbehälter etwas einfetten. Man kann auch beschichtetes Backpapier auf den Garbehälter legen, dieses muss man aber einstechen, damit der Dampf zirkulieren kann.

Die Laibchen in den gelochten Garbehälter setzen. Nochmals 15 Minuten gehen lassen.

25 – 30 Minuten dämpfen.

Tipp:
Die Brötchen eignen sich hervorragend zum Einfrieren.

Hinweis:

Durch das Dampfgaren bekommt man keine feste Krumme, sondern ein weiches Brötchen, das aber sehr gut schmeckt. Kohlenhydratreiches Vollkorngebäck. Eignet sich als Ersatz für Müsliriegel. Eine Extraportion Obst für Obstmuffel.

HAFER-KAROTTEN-WECKERL

10 Stück

110 g Weizenvollkornmehl
290 g Weizenmehl
1 Pkg. Trockenhefe
1 TL Salz
70 g Haferflocken, fein
30 g Haferkleie
1 EL Apfelessig
320 ml lauwarmes Wasser
Brotgewürz
50 g Karotten, geraspelt

Zubereitung:

Alle Zutaten bis auf die Karotten mit der Küchenmaschine 5 Minuten zu einem geschmeidigen Teig kneten. Zum Schluss die geraspelten Karotten beimengen und nochmals kurz durchkneten.

An einem warmen Ort zugedeckt 45 Minuten gehen lassen.

Laibchen formen, auf einen gelochten Garbehälter legen und nochmals 10 Minuten gehen lassen.

25 – 30 Minuten dämpfen.

Tipp:

Statt Weizenmehl kann man auch Dinkelmehl verwenden. Weiters können auch gehackte Walnüsse mitgegart werden.

Nährwert pro Stück

kcal: 175
Eiweiß: 5 g
Fett: 1 g
Kohlenhydrate: 35 g
Ballaststoffe: 2 g

Hinweis:

Ideales Gebäck für die Schule und am Arbeitsplatz, insbesondere wenn geistige Fitness gefordert ist.

Dampfgarer	Dämpfeinsatz	Bambuskörbchen
✔		✔

BULGUR-KÄSE-SALAT MIT ORANGEN

4 Portionen

200 g Bulgur
400 ml Gemüsebrühe oder Wasser
200 g Emmentaler
2 Orangen
Salz, Pfeffer
Essig
2 TL Walnussöl

Nährwert pro Portion:

kcal: 390
Eiweiß: 20 g
Fett: 17 g
Kohlenhydrate: 39 g
Ballaststoffe: 6 g

Dampfgarer	Dämpfeinsatz	Bambuskörbchen
✔		

Zubereitung:

Bulgur in einen ungelochten Behälter geben und in der heißen Brühe oder in Wasser 10 Minuten dämpfen. Anschließend auskühlen lassen.

Käse in feine Streifen schneiden, Orangen schälen und filetieren. Alles vermengen und mit einer Marinade aus Essig, Öl, Salz und Pfeffer würzen.

Tipp:

Wenn man mehr Bulgur kocht, kann man diesen mit Joghurt und Früchten oder gleich mit einem Fruchtjoghurt vermischen und als Müsli-ersatz essen.

Hinweis:

Reich an Kalzium. Ideale Mittagsmahlzeit.

DINKELRISOTTO

4 Portionen

200 g Dinkel
400 ml Gemüsebrühe
1 Stange Lauch
4 EL fettarmer Frischkäse
100 g Parmesan
Salz, Pfeffer

Nährwert pro Portion:

kcal: 285
Eiweiß: 16 g
Fett: 10 g
Kohlenhydrate: 31 g
Ballaststoffe: 5 g

Dampfgarer	Dämpfeinsatz	Bambuskörbchen
✔		

Zubereitung:

Dinkelkörner in der Gemüsebrühe über Nacht einweichen.

In der Gemüsebrühe 30 Minuten dämpfen.

Lauch in Streifen schneiden, Parmesan fein reiben und gemeinsam mit dem Frischkäse zu den Körnern geben und weitere 15 Minuten dämpfen.

Zum Schluss mit Salz und Pfeffer würzen.

Tipp:
Sie können das Risotto auch mit Reis zubereiten.

Hinweis:

Durch den Parmesan ist dieses Gericht auch eine gute Kalziumquelle.

RISOTTO MIT RUCOLA UND PROSCIUTTO

4 – 6 Portionen

500 g Risottoreis
1,5 l Hühnersuppe
200 ml Weißwein
200 g Rucola
160 g Prosciutto
2 EL Butter
100 g geriebener Parmesan
Salz, Pfeffer, frisch gemahlen

Nährwert pro Portion:

kcal: 350
Eiweiß: 14 g
Fett: 8 g
Kohlenhydrate: 50 g
Ballaststoffe: 1 g

Dampfgarer	Dämpfeinsatz	Bambuskörbchen
✔		

Zubereitung:

Reis, Weißwein und Hühnersuppe in ein Gargefäß geben und 15 Minuten dämpfen. Rucola waschen, grob schneiden und zum Reis geben. Weitere 5 Minuten dämpfen.

Prosciutto in Streifen schneiden und gemeinsam zum Schluss mit der Butter, der Hälfte des Parmesans und mit Salz und Pfeffer zum Risotto geben und gut durchrühren.

Vor dem Servieren mit dem restlichen Parmesan bestreuen.

Tipp:

Wenn Sie das Risotto erst später verwenden wollen, garen Sie es nur 10 Minuten, dann können Sie es erkalten lassen und erst fertigstellen, wenn die Gäste kommen. Dadurch haben Sie aber schon einen Zeitvorsprung und können sich entspannter den Gästen widmen.

Hinweis:

Kohlenhydratreich, ideale Mittagsmahlzeit für sehr Aktive.

ROLLGERSTLRISOTTO MIT GEMÜSE UND TOFU

4 Portionen

140 g Rollgerste
300 ml Gemüsebrühe
1 Zucchini
2 Karotten
1 roter Paprika
Salz, Pfeffer, Muskat
etwas Zimt
40 ml Magermilch
200 g geräucherter Tofu

Nährwert pro Portion:

kcal: 205
Eiweiß: 11 g
Fett: 4 g
Kohlenhydrate: 32 g
Ballaststoffe: 6 g

Dampfgarer	Dämpfeinsatz	Bambuskörbchen
✔		

Zubereitung:

Rollgerste in einen Behälter geben und mit der heißen Gemüsebrühe übergießen. 15 Minuten dämpfen.

Zucchini, Karotten und Paprika in kleine Würfel schneiden. Zur Rollgerste geben, würzen und nochmals 5 – 7 Minuten dämpfen.

Zum Schluss Magermilch einrühren und den in Würfel geschnittenen Tofu unterheben.

Tipp:

Kann auch ohne Tofu zubereitet werden. Mit Blattsalat servieren.

Hinweis:

Für Aktive. Reich an Kohlenhydraten, aber auch an vielen Schutzstoffen. Tofu liefert noch eine Extraportion Eiweiß.

KAROTTEN-HIRSE-AUFLAUF

4 Portionen

250 g Hirse
1/2 l Gemüsebrühe
Salz, Pfeffer, Muskat
1/4 l Joghurt, fettarm, abgetropft
Salz, Pfeffer
400 g Karotten
4 Eier

Nährwert pro Portion:

kcal: 360
Eiweiß: 17 g
Fett: 10 g
Kohlenhydrate: 50 g
Ballaststoffe: 5 g

Dampfgarer	Dämpfeinsatz	Bambuskörbchen
✔		

Zubereitung:

Hirse kalt abspülen, in einen Garbehälter oder in eine Auflaufform geben und mit heißer Gemüsebrühe übergießen, würzen.

15 – 20 Minuten dämpfen. Hirse auskühlen lassen.

Joghurt und Eidotter vermengen und würzen. Karotten fein raspeln und gemeinsam mit der überkühlten Hirse und mit der Eidotter-Joghurt-Masse vermischen. Eiklar zu einem steifen Schnee schlagen und vorsichtig unterheben.

Masse in eine beschichtete Auflaufform geben und bei 180 °C ca. 20 Minuten im Backrohr backen.

Tipp:
Statt Hirse kann man jedes beliebige Getreide verwenden.

Hinweis:

Sehr kohlenhydratreich. Besonders für Ausdauersportler geeignet.

HIRSE-KÄSE-AUFLAUF

4 Portionen

200 g Hirse
400 ml Gemüsebrühe
2 Eier
2 TL Senf
100 g Magertopfen (Quark)
40 g Weizengrieß
100 g geriebener Parmesan
Salz, Pfeffer

Nährwert pro Portion:

kcal: 380
Eiweiß: 21 g
Fett: 14 g
Kohlenhydrate: 43 g
Ballaststoffe: 3 g

Dampfgarer	Dämpfeinsatz	Bambuskörbchen
✔		

Zubereitung:

Hirse laut Packungsangabe waschen, in eine Auflaufform bzw. in einen Garbehälter geben und mit heißer Gemüsebrühe übergießen.

Ca. 15 – 20 Minuten dämpfen.

Gedämpfte Hirse mit den Eiern, dem Senf, Topfen, Grieß und Parmesan vermengen, würzen und ca.10 Minuten durchziehen lassen.

Die Masse in 4 kleine beschichtete oder befettete Souffléförmchen füllen und ca. 20 Minuten bei 90 °C dämpfen.

Tipp:
Eignet sich hervorragend zu Letscho oder zu Sauerkraut bzw. Kohlgemüse. Kann aber auch als Beilage zu Fleischgerichten serviert werden.

Hinweis:

Eiweiß- und kohlenhydratreich. Optimal nach längerer körperlicher Anstrengung mit Krafteinsatz.

BULGUR-KOHLSPROSSEN-PFANNE

4 Portionen

240 g Bulgur
480 ml Gemüsebrühe
2 Stangen Lauch
700 g Kohlsprossen (Sprossenkohl), tiefgekühlt
4 Karotten
300 g Mozzarella
Kren (Meerrettich)
Salz, Pfeffer, Kümmel, etwas Essig, Kurkuma
2 EL Frischkäse

Nährwert pro Portion:

kcal: 450
Eiweiß: 26 g
Fett: 16 g
Kohlenhydrate: 50 g
Ballaststoffe: 15 g

Dampfgarer	Dämpfeinsatz	Bambuskörbchen
✔		

Zubereitung:

Bulgur in einen ungelochten Garbehälter geben und mit der kochenden Gemüsebrühe übergießen. Lauch und Karotten putzen, klein schneiden und mit den Kohlsprossen und dem in Scheiben geschnittenen Mozzarella zum Bulgur geben. Mit Salz, Pfeffer, Kümmel, Essig, Kren und Kurkuma würzen.

20 Minuten dämpfen.

Zum Schluss Frischkäse einrühren.

Tipp:
Für dieses Rezept eignet sich auch Couscous oder Hirse.

Hinweis:

Kohlenhydratreich, aber auch reich an Schutzstoffen. Perfekt nach einer Ausdauereinheit oder zum Mittagessen.

HIRSEGNOCCHI MIT TOMATENRAGOUT

4 Portionen

Für die Hirsegnocchi:

110 g Hirse
1/4 l Gemüsesuppe
100 g Topfen (Quark)
1 Ei
Salz, Pfeffer, Muskat
40 g Vollkornhaferflocken
25 g Vollkornbröseln (Vollkornpaniermehl)
100 g Blattspinat

Für das Tomatenragout:

4 große Fleischtomaten (à 80 g)
1 Zwiebel
1 kleine Chilischote
1 EL Olivenöl
Basilikum, Thymian
Salz, Pfeffer

Nährwert pro Portion:

kcal: 240
Eiweiß: 11 g
Fett: 7 g
Kohlenhydrate: 32 g
Ballaststoffe: 4 g

Dampfgarer	Dämpfeinsatz	Bambuskörbchen
✔		

Zubereitung:

Für die **Hirsegnocchi** die Hirse heiß waschen und in die heiße Gemüsesuppe einstreuen.

15 Minuten dämpfen und auskühlen lassen.

Kalte Hirse mit Topfen und Ei gut vermischen, würzen. Haferflocken und Semmelbröseln beimengen und zu einer festen Masse verarbeiten. Blattspinat klein schneiden, kurz blanchieren und zur Hirse-Topfen-Masse geben.

Mit zwei Suppenlöffeln Gnocchi formen und 10 Minuten in einem gelochten, eingefetteten Garbehälter dämpfen.

Für das **Tomatenragout** die Tomaten blanchieren, häuten, entkernen und grob hacken. Zwiebel würfelig schneiden und im heißen Öl glasig anbraten. Chilischote klein hacken und gemeinsam mit den Tomaten zur Zwiebel geben. Mit Salz und Pfeffer würzen und alles leicht einkochen lassen.

Gemeinsam mit den Gnocchi servieren und mit Basilikum und Thymian garnieren.

Hinweis:

Kohlenhydratreich, aber trotzdem sehr kalorienarm. Das Gericht enthält außerdem viele Schutzstoffe.

PIKANTER BUCHWEIZEN-LAUCHAUFLAUF

4 Portionen

150 g Buchweizen
300 ml Gemüsebrühe
250 g Magertopfen (Quark)
3 Eier
1 Stange Lauch
Salz, Pfeffer, Knoblauch

Nährwert pro Portion:

kcal: 255
Eiweiß: 18 g
Fett: 6 g
Kohlenhydrate: 31 g
Ballaststoffe: 2 g

Dampfgarer	Dämpfeinsatz	Bambuskörbchen
✔		

Zubereitung:

Buchweizen in einen Garbehälter geben und mit der heißen Gemüsebrühe übergießen.

10 Minuten dämpfen und überkühlen lassen.

Topfen mit den Eiern vermischen. Den Lauch in Ringe schneiden.

Buchweizen mit dem Topfen-Ei-Gemisch und dem Lauch vermengen, würzen und nochmals 30 Minuten dämpfen.

(Sie können die Masse auch in kleine beschichtete oder befettete Förmchen gießen, dann 20 Minuten dämpfen und danach aus der Form stürzen.)

Tipp:
Statt Buchweizen können auch andere Getreidesorten verwendet werden.

Hinweis:

Kohlenhydratreich. Ideales Mittagessen für mehr Ausdauer.

REIS-KRÄUTER-SOUFFLÉ

4 Portionen

1 Tasse Langkornreis
2 Tassen Gemüsebrühe

100 g Karotten
2 Eidotter
Kräuter nach Belieben
Salz, Pfeffer
2 Eiklar

Nährwert pro Portion:

kcal: 230
Eiweiß: 9 g
Fett: 4 g
Kohlenhydrate: 40 g
Ballaststoffe: 1 g

Dampfgarer	Dämpfeinsatz	Bambuskörbchen
✔		

Zubereitung:

Reis mit der Gemüsebrühe 20 Minuten in einem ungelochten Garbehälter dämpfen.

Karotten fein raspeln. Gemeinsam mit den Eidottern und den gehackten Kräutern unter den Reis mengen, würzen. Eiklar steif schlagen und unter die Reismasse heben.

Masse in beschichtete Auflaufförmchen geben und 30 Minuten dämpfen.

Tipp:
Mit Salat servieren.

Hinweis:

Kohlenhydratreich. Besonders geeignet, wenn körperliche Leistungsfähigkeit benötigt wird.

AMARANTHNOCKERL

4 Portionen

80 g Amaranth
180 ml Wasser
150 g Magertopfen (Quark)
1 Eidotter
1 Ei
80 g Weizengrieß
Salz, Pfeffer, Muskat

Nährwert pro Portion:

kcal: 200
Eiweiß: 11 g
Fett: 4 g
Kohlenhydrate: 28 g
Ballaststoffe: 4 g

Dampfgarer	Dämpfeinsatz	Bambuskörbchen
✔		

Zubereitung:

Amaranth in einen ungelochten Garbehälter füllen, mit heißem Wasser übergießen und 15 Minuten dämpfen.

Topfen, Dotter und Ei schaumig rühren. Ausgekühlten Amaranth und Grieß beimengen, würzen. Masse im Kühlschrank mindestens 2 Stunden kühlen.

Mit einem Esslöffel Nockerln ausstechen und 15 Minuten in einem gelochten, eingefetteten (oder mit löchrigem Backpapier ausgelegten) Garbehälter dämpfen.

Tipp:
Die Nockerln sind eine ideale Beilage für Fleischgerichte, aber auch zum Sauerkraut oder zu anderem Kohlgemüse sind sie bestens geeignet.

Hinweis:

Eiweiß- und kohlenhydratreich.

SEMMELKNÖDEL

4 Knödel

200 g Semmelwürfel
1/4 l Magermilch
1 Ei
Salz, Pfeffer
Petersilie

Nährwert pro Stück:

kcal: 165
Eiweiß: 7 g
Fett: 2 g
Kohlenhydrate: 29 g
Ballaststoffe: 2 g

Dampfgarer	Dämpfeinsatz	Bambuskörbchen
✔	✔	✔

Zubereitung:

Ei versprudeln und zur lauwarmen Milch geben. Die Semmelwürfel mit der Milch-Ei-Mischung übergießen, Petersilie dazugeben, mit Salz und Pfeffer würzen und mindestens 30 Minuten zugedeckt ziehen lassen.

Knödel formen und in einen gelochten, eingefetteten (oder mit löchrigem Backpapier ausgelegten) Garbehälter setzen.

15 – 20 Minuten dämpfen.

Tipp:

Semmelknödel lassen sich beliebig variieren:
Für PILZKNÖDEL 50 g geröstete Eierschwammerln in die Knödelmasse einarbeiten.
Für BÄRLAUCHKNÖDEL 50 g Bärlauch blanchieren und in die Knödelmasse einarbeiten. Man kann statt Bärlauch auch blanchierten Spinat verwenden.

DINKEL-KÄSE-SALAT

4 Portionen

200 g Dinkel
600 ml Wasser
100 g Emmentaler
500 g Tomaten
1 gelber Paprika
1 Salatgurke
2 EL Rapsöl
Essig
Salz, Pfeffer

Nährwert pro Portion:

kcal: 355
Eiweiß: 16 g
Fett: 15 g
Kohlenhydrate: 38 g
Ballaststoffe: 9 g

Dampfgarer	Dämpfeinsatz	Bambuskörbchen
✔		

Zubereitung:

Dinkel über Nacht in Wasser einweichen.

Im Einweichwasser 40 Minuten dämpfen und auskühlen lassen.

Emmentaler, Tomaten, Paprika und Salatgurke in kleine Würfel schneiden und mit dem Dinkel vermischen. Mit Öl, Essig, Salz und Pfeffer marinieren.

Tipp:
Statt Dinkel kann man auch Weizen, Gerste oder Buchweizen verwenden.

Hinweis:

Reich an Ballaststoffen, ideale Mahlzeit für das Mittagessen im Büro. Lässt sich gut vorbereiten.

DAMPFBRÖTCHEN

10 Stück

400 g Weizenvollkornmehl
1 Pkg. Trockenhefe
250 ml lauwarmes Wasser
1 TL Salz
Brotgewürz

Nährwert pro Stück:

kcal: 135
Eiweiß: 5 g
Fett: < 1 g
Kohlenhydrate: 27 g
Ballaststoffe: 2 g

Dampfgarer	Dämpfeinsatz	Bambuskörbchen
✔		✔

Zubereitung:

Alle Zutaten zu einem geschmeidigen Teig verkneten. Zugedeckt 45 Minuten an einem warmen Ort gehen lassen.

Dann vom Teig 10 gleich große Stücke abschneiden, zu einer Kugel formen und auf einen gelochten, eingefetteten (oder mit löchrigem Backpapier ausgelegten) Garbehälter legen. Nochmals 10 Minuten gehen lassen.

Anschließend 20 Minuten dämpfen.

Hinweis:

Es fehlt eine knusprige Krumme. Die Oberfläche ist sehr weich, sie erscheint vorerst auch gummiartig, das Brötchen schmeckt aber vorzüglich. Ideales Vollkorngebäck für das Frühstück oder zur Jause.

GRIESSKNÖDEL

12 Knödel

70 g Butter
1/2 l Magermilch
150 g Grieß
80 g Weißbrot, entrindet
2 Eier
Salz, Muskat

Nährwert pro Stück:

kcal: 140
Eiweiß: 4 g
Fett: 5 g
Kohlenhydrate: 14 g
Ballaststoffe: 1 g

Dampfgarer	Dämpfeinsatz	Bambuskörbchen
✔	✔	✔

Zubereitung:

Butter in die heiße Milch geben, Grieß einstreuen und 10 Minuten dämpfen. Grießmasse überkühlen lassen.

Weißbrot in Würfel schneiden und gemeinsam mit den Eiern zur Grießmasse geben, würzen und mindestens eine Stunde rasten lassen.

Aus der Masse 12 kleine Knödel formen und 10 – 15 Minuten in einem gelochten, eingefetteten (oder mit löchrigem Backpapier ausgelegten) Garbehälter dämpfen.

Tipp:
Die Knödel sind eine ideale Beilage für Fleischgerichte. Mit Linsen oder Sauerkraut serviert können sie auch als vegetarische Hauptspeise gereicht werden.

Hinweis:

Kohlenhydratreich.

GEMÜSE & HÜLSENFRÜCHTE

SÜSSE KARTOFFELBRÖTCHEN

15 Stück

250 g mehlige Kartoffeln
250 g Weizenmehl, glatt
250 g Weizenvollkornmehl
1 Pkg. Trockenhefe
80 g Zucker
1 Ei
80 g Joghurt, fettarm
1/8 l lauwarme Magermilch oder Wasser

Nährwert pro Stück:

kcal: 160
Eiweiß: 5 g
Fett: 1 g
Kohlenhydrate: 31 g
Ballaststoffe: 2 g

Dampfgarer	Dämpfeinsatz	Bambuskörbchen
✔		✔

Zubereitung:

Kartoffeln in der Schale ca. 20 Minuten dämpfen.

Noch heiß schälen und durch eine Kartoffelpresse drücken. Leicht auskühlen lassen. Mehl, Hefe, Zucker, Ei und Joghurt beimengen. Flüssigkeit zugießen. Am Anfang nur ca. 100 ml und den Rest erst bei Bedarf.

Teig mit der Küchenmaschine kräftig ca. 5 Minuten durchkneten. Bei Bedarf noch etwas Flüssigkeit dazugeben, sodass der Teig eine geschmeidige Konsistenz erhält. Den Teig zugedeckt ca. 45 – 30 Minuten an einem warmen Ort gehen lassen.

Anschließend 15 Brötchen formen und auf einen gelochten, eingefetteten (oder mit löchrigem Backpapier ausgelegten) Gareinsatz legen. Nochmals ca. 10 Minuten gehen lassen.

45 Minuten dämpfen.

Tipp:

Ideales Frühstücksbrötchen, einfach mit Marmelade oder Honig bestreichen. Für Kinder mit Früchten, Marmelade oder auch mit Schokoaufstrichen füllen.

Hinweis:

Die Brötchen können eingefroren werden und müssen beim Auftauen nicht mehr aufgebacken oder erwärmt werden.

KARFIOL IN DER KRÄUTERSAUCE

4 Portionen

600 g Karfiol (Blumenkohl)
1/2 Stange Lauch
200 g Zucchini
Salz, Pfeffer, Kümmel

2 Dotter
200 g fettarmes Joghurt
Salz, Pfeffer, Wasabi
frische Kräuter nach Belieben

Nährwert pro Portion:

kcal: 100
Eiweiß: 8 g
Fett: 4 g
Kohlenhydrate: 7 g
Ballaststoffe: 4 g

Dampfgarer	Dämpfeinsatz	Bambuskörbchen
✔		

Zubereitung:

Karfiol in kleine Röschen teilen und in einen ungelochten Garbehälter legen. Lauch in Ringe schneiden, Zucchini fein würfeln und gemeinsam mit dem Lauch über dem Karfiol verteilen, würzen.

Dotter mit Joghurt verrühren, würzen und gehackte Kräuter dazugeben. Masse über dem Gemüse verteilen.

15 Minuten dämpfen.

Tipp:

Als Beilage eignen sich gedämpfte Kartoffeln, die gleichzeitig zubereitet werden können.

Hinweis:

Reich an Pflanzenschutzstoffen. Sehr kalorienarm, für Figurbewusste bestens geeignet.

BROKKOLI MIT PUTEN-STREIFEN IN KÄSESAUCE

4 Portionen

600 g Brokkoli
300 g geräucherte Putenbrust
oder Putenschinken
Salz, Pfeffer

2 Dotter
200 ml Magerjoghurt
200 g geriebener Parmesan
Salz, Pfeffer

Nährwert pro Portion:

kcal: 400
Eiweiß: 38 g
Fett: 27 g
Kohlenhydrate: 5 g
Ballaststoffe: 3 g

Dampfgarer	Dämpfeinsatz	Bambuskörbchen
✔		

Zubereitung:

Brokkoli in kleine Röschen teilen und in einen ungelochten Garbehälter legen. Putenbrust in feine Streifen schneiden und über dem Brokkoli verteilen. Würzen.

Dotter mit Magerjoghurt vermischen, geriebenen Parmesan unterheben und mit Salz und Pfeffer abschmecken. Dotter-Käse-Sauce über dem Brokkoli und den Putenstreifen verteilen.

20 – 25 Minuten dämpfen.

Hinweis:

Eiweißreich und reich an Vitamin C und Kalzium.

TOMATENCAPPUCCINO

4 Portionen

8 mittelgroße Tomaten
750 ml Rindsuppe
50 g Wurzelwerk (Karotte, Sellerie, Petersilie)
100 ml trockener Weißwein
Salz, Pfeffer
1 Prise Zucker
1 Msp. Paprikapulver

Nährwert pro Portion:

kcal: 65
Eiweiß: 3 g
Fett: < 1 g
Kohlenhydrate 8 g
Ballaststoffe: 3 g

Dampfgarer	Dämpfeinsatz	Bambuskörbchen
✔		

Zubereitung:

Die Tomaten kreuzweise einschneiden und 1 Minute dämpfen. Anschließend die Tomaten schälen, entkernen und in Stücke schneiden. Wurzelwerk kleinwürfelig schneiden.

Alle Zutaten in ein ungelochtes Gargefäß geben, mit Suppe und Wein aufgießen und mit den Gewürzen abschmecken.

30 Minuten dämpfen.

Vor dem Servieren mit einem Stabmixer pürieren.

Tipp:
Mit einem Milchschaumhäubchen servieren. Statt der ganzen Tomaten kann man bereits geschälte, in Stücke geschnittene oder passierte Tomaten verwenden.

Hinweis:

Kann an heißen Tagen auch gekühlt serviert werden.

SCHMORGURKENTOPF

4 Portionen

1000 g Gurken
500 g Kartoffeln
Salz, Pfeffer
Dill
80 ml Gemüsebrühe
60 ml Magerjoghurt

Nährwert pro Portion:

kcal: 120
Eiweiß: 4 g
Fett: < 1 g
Kohlenhydrate: 22 g
Ballaststoffe: 4 g

Dampfgarer	Dämpfeinsatz	Bambuskörbchen
✔		

Zubereitung:

Gurken halbieren und mit einem Kaffeelöffel Kerne ausschaben. Gurken anschließend in ca. 1/2 cm dicke Stücke schneiden. Kartoffeln schälen und kleinwürfelig schneiden.

Gurken und Kartoffeln in einen ungelochten Garbehälter geben, würzen, fein gehackten Dill dazugeben und mit der Gemüsebrühe aufgießen.

Gemüse 20 Minuten dämpfen.

Den Saft abgießen, mit dem Magerjoghurt verrühren und wieder zum Gurkengemüse geben.

Tipp:
Mit Reis oder Vollkornbrot servieren.

Hinweis:

Ein kalorienarmes, leichtes Sommergericht.

KOHLRABI-RAGOUT MIT HEURIGEN KARTOFFELN

4 Portionen

800 g heurige (junge) Kartoffeln

4 Kohlrabi (Kohlrüben)
100 ml Gemüsebrühe
Salz, Pfeffer, Muskat
etwas Essig
Kümmel
Kerbel
4 EL Magerjoghurt

Nährwert pro Portion:

kcal: 170
Eiweiß: 6 g
Fett: < 1 g
Kohlenhydrate: 33 g
Ballaststoffe: 6 g

Dampfgarer	Dämpfeinsatz	Bambuskörbchen
✔		

Zubereitung:

Kartoffeln gut waschen und ungeschält in einen gelochten Garbehälter geben.

Kohlrabi in Streifen schneiden und in einen separaten, ungelochten Garbehälter geben, mit der Gemüsebrühe aufgießen, mit Essig abschmecken und mit Salz, Pfeffer, Muskat und Kümmel würzen.

Gleichzeitig mit den Kartoffeln 25 Minuten dämpfen.

Kerbel klein schneiden und den Kohlrabi beimengen. Gegebenenfalls Flüssigkeit abgießen.

Zum Schluss Magerjoghurt unterrühren und mit den ungeschälten Kartoffeln servieren.

Tipp:
Statt Kohlrabi kann man auch Fisolen (Grüne Bohnen) verwenden.

Hinweis:

Enthält reichlich Kalium und Vitamin C.

KAROTTEN-APFEL-INGWER-SUPPE

4 Portionen

1 Schalotte
300 g Karotten
1/2 Apfel
750 ml Gemüsebrühe
Salz, Pfeffer
Stück Ingwer (ca. 1 cm)
Zitronensaft

Nährwert pro Portion:

kcal: 40
Eiweiß: 1 g
Fett: < 1 g
Kohlenhydrate: 3 g
Ballaststoffe: 7 g

Dampfgarer	Dämpfeinsatz	Bambuskörbchen
✔		

Zubereitung:

Schalotte fein würfeln. Karotten, Apfel und Ingwer schälen und klein schneiden.

Alles in einen Garbehälter geben, die Gemüsebrühe dazugießen und mit Salz, Zitronensaft und Pfeffer würzen.

30 Minuten dämpfen.

Vor dem Servieren mit einem Stabmixer pürieren.

Tipp:

Eventuell mit etwas Kürbiskernöl verzieren. Damit können auch die fettlöslichen Vitamine der Karotten vom Körper aufgenommen werden.

Hinweis:

Für Kinder eventuell den Ingwer weglassen. Dann schmeckt die Suppe süßlicher.

GNOCCHI MIT KIRSCH-TOMATEN UND BASILIKUM

4 Portionen

500 g Kartoffeln, mehlig
Salz
150 g Vollkornmehl
2 TL Olivenöl
500 g Kirschtomaten
Salz, Pfeffer
Basilikumblätter
40 g Parmesan

Nährwert pro Portion:

kcal: 302
Eiweiß: 11 g
Fett: 7 g
Kohlenhydrate: 48 g
Ballaststoffe: 6 g

Dampfgarer	Dämpfeinsatz	Bambuskörbchen
✔	✔	✔

Zubereitung:

Kartoffeln ca. 20 – 30 Minuten im gelochten Garbehälter dämpfen, schälen, heiß durch die Kartoffelpresse drücken und etwas abkühlen lassen.

Kartoffeln salzen. Mehl zugeben und zu einem geschmeidigen Teig verkneten. Teig mit bemehlten Händen in kleine Portionen aufteilen, zu kleinen Rollen formen und in 2 cm lange Stücke schneiden.

Die Stücke mit Mehl bestauben und weitere 10 Minuten in einem gelochten, eingefetteten (oder mit löchrigem Backpapier ausgelegten) Garbehälter dämpfen.

In einer beschichteten Pfanne etwas Olivenöl erhitzen, die Gnocchi kurz anbraten. Die Kirschtomaten im Ganzen mit den Gnocchi vermischen, salzen, pfeffern und kurz ziehen lassen.

Basilikumblätter grob zerteilen, Parmesan reiben.

Die Gnocchi mit Basilikum und Parmesan bestreut servieren.

Hinweis:

Reichlich Kohlenhydrate, sehr leicht verdaulich. Ein Mittagessen, wenn der Tag noch lang und anstrengend ist.

GEMÜSELASAGNE

8 Portionen

1 Bund Basilikum
1 l passierte Tomaten
Salz, Pfeffer, Knoblauch
18 Lasagneblätter
400 g Mozzarella
100 g geriebener Parmesan
300 g in feine Streifen geschnittenes Gemüse (z. B. Zucchini, Pilze, Melanzani, Paprika)

Olivenöl zum Bestreichen des Garbehälters

Nährwert pro Portion:

kcal: 365
Eiweiß: 21 g
Fett: 16 g
Kohlenhydrate: 34 g
Ballaststoffe: 4 g

Dampfgarer	Dämpfeinsatz	Bambuskörbchen
✔		

Zubereitung:

Basilikum fein hacken und zu den passierten Tomaten geben, mit Salz, Pfeffer und Knoblauch abschmecken.

Einen ungelochten Garbehälter mit dem Olivenöl ausstreichen. Die ersten 6 Lasagneblätter hineinlegen. Gut mit dem Tomatensugo bedecken, Gemüse darauf verteilen und mit in Scheiben geschnittenem Mozzarella belegen. Diesen Vorgang zwei Mal wiederholen und zum Schluss das Ganze mit geriebenem Parmesan bestreuen.

35 Minuten dämpfen.

Tipp:

Man kann die Lasagne auch einige Stunden vor dem Essen vorbereiten und bereits alle Zutaten in den Garbehälter schichten, dann verkürzt sich die Garzeit auf 20 Minuten. Für eine knusprige Oberfläche kann die Lasagne einige Minuten im vorgeheizten Backofen bei 220 °C gratiniert werden.

Hinweis:

Durch die Verwendung von fettarmem Käse bzw. Mozzarella light wird die Lasagne um einiges energie- und fettärmer.

GRÜNER SPARGELREIS

4 Portionen

200 g Basmatireis
200 ml Gemüsebrühe
100 ml trockener Weißwein
Salz, Pfeffer
400 g grüner Spargel

Nährwert pro Portion:

kcal: 210
Eiweiß: 5 g
Fett: < 1 g
Kohlenhydrate: 41 g
Ballaststoffe: 2 g

Dampfgarer	Dämpfeinsatz	Bambuskörbchen
✔		

Zubereitung:

Basmatireis mit der Brühe und dem Weißwein 10 Minuten in einem ungelochten Gareinsatz dämpfen.

Spargel, wenn notwendig, schälen und in 4 – 5 cm lange Stücke schneiden und zum Reis geben.

Würzen und nochmals 5 Minuten dämpfen.

Tipp:

Besonders cremig wird der Spargelreis, wenn man vor dem Servieren noch geriebenen Parmesan unterhebt.

Hinweis:

Optimales Mittagessen, kohlenhydratreich.

PÜREEVARIATIONEN

4 Portionen

800 g Karfiol (Blumenkohl)
40 ml Kokosmilch, fettarm
Ingwer (2 cm)
Salz, Pfeffer, Muskat

Nährwert pro Portion:

kcal: 40
Eiweiß: 4 g
Fett: < 1 g
Kohlenhydrate: 4 g
Ballaststoffe: 5 g

Dampfgarer	Dämpfeinsatz	Bambuskörbchen
✔	✔	

Karfiolpüree mit Ingwer

Zubereitung:

Karfiol in kleine Röschen teilen und gemeinsam mit dem klein geschnittenen Ingwer 10 Minuten in einem gelochten Garbehälter dämpfen.

Karfiol und Ingwer mit dem Kartoffelstampfer zerstampfen oder mit einem Stabmixer pürieren, Kokosmilch dazugeben und würzen.

Hinweis:

Ideal für Fischgerichte, aber auch für Hühner- oder Putencurry.

4 Portionen

Curry-Karfiol-Püree

800 g Karfiol (Blumenkohl)
Salz, Pfeffer, Curry

Zubereitung:

Karfiol in kleine Röschen teilen und 10 Minuten in einem gelochten Garbehälter dämpfen. Mit dem Stabmixer pürieren und würzen.

Nährwert pro Portion:

kcal: 35
Eiweiß: 4 g
Fett: < 1 g
Kohlenhydrate: 3 g
Ballaststoffe: 5 g

4 Portionen

Sellerie-Pastinaken-Püree

600 g Sellerie
200 g Pastinaken
Salz, Pfeffer

Zubereitung:

Sellerie und Pastinaken klein schneiden und 10 Minuten in einem gelochten Garbehälter dämpfen. Mit einem Stabmixer zerkleinern und würzen.

Hinweis:

Ideal zu Wildgerichten, da es durch die Pastinake etwas süßlich schmeckt.

Nährwert pro Portion:

kcal: 35
Eiweiß: 2 g
Fett: < 1 g
Kohlenhydrate: 4 g
Ballaststoffe: 6 g

Kartoffel-Nuss-Püree

4 Portionen

800 g Kartoffeln
60 g Walnüsse
100 ml Magermilch
Salz, Pfeffer, Muskat

Nährwert pro Portion:

kcal: 250
Eiweiß: 7 g
Fett: 10 g
Kohlenhydrate: 32 g
Ballaststoffe: 6 g

Zubereitung:

Kartoffeln schälen, klein schneiden und 15 Minuten in einem gelochten Garbehälter dämpfen. Noch heiß zerstampfen, gehackte Walnüsse und Milch beimengen, würzen.

Süsskartoffelpüree

4 Portionen

800 g Süßkartoffeln
100 ml Magermilch
Salz, Pfeffer

Nährwert pro Portion:

kcal: 150
Eiweiß: 5 g
Fett: < 1 g
Kohlenhydrate: 30 g
Ballaststoffe: 5 g

Zubereitung:

Die Süßkartoffeln schälen, klein schneiden und 15 Minuten in einem gelochten Garbehälter dämpfen. Noch heiß zerstampfen, Milch beimengen, würzen.

Tipp:

Bei Bedarf kann zu allen Pürees etwas Magermilch dazugegeben werden. (Achtung: Dadurch verändern sich die Nährwertangaben.)

GEDÄMPFTE GEMÜSERÖLLCHEN

4 Portionen

12 Reispapierblätter
4 Karotten
2 Lauchzwiebeln
1 nussgroßes Stück Ingwer
2 EL Sesamöl
200 g Sojasprossen
4 EL Sojasauce

Nährwert pro Portion:

kcal: 165
Eiweiß: 6 g
Fett: 7 g
Kohlenhydrate: 19 g
Ballaststoffe: 4 g

Dampfgarer	Dämpfeinsatz	Bambuskörbchen
✔	✔	✔

Zubereitung:

Reispapier mit kaltem Wasser bestreichen bzw. laut Packungsangabe einweichen.

Karotten und die Lauchzwiebeln feinnudelig schneiden. Ingwer schälen und hacken. Sesamöl im Wok erhitzen, Karotten, Lauch und die Sojasprossen unter ständigem Rühren knackig anbraten lassen. Mit Sojasauce aufgießen, kurz umrühren und überkühlen lassen.

Reisblätter auf einem feuchten Geschirrtuch auslegen. Auf jedes Reisblatt Gemüse legen, einrollen und gut festdrücken (Reisblätter kleben von selbst).

Gemüseröllchen ca. 3 Minuten im gelochten, eingefetteten (oder mit löchrigem Backpapier ausgelegten) Garbehälter dämpfen.

Tipp:

Die Gemüseröllchen sind ideale Vorspeisen. Sie können aber auch noch zusätzlich mit gebratenen Hühner- oder Putenstreifen gefüllt werden. Außerdem eignet sich auch Tofu oder Fisch.

Statt der Reisblätter kann man auch selbst einen Wan-Tan-Teig zubereiten. Dafür 140 g glattes Mehl, 10 g Stärkemehl und 1/8 l heißes Wasser zu einem Teig verarbeiten und vor dem Füllen mindestens 20 Minuten rasten lassen.

Hinweis:

Eine besonders kalorienarme Mahlzeit.

KÜRBISCURRY MIT KICHERERBSEN UND SCHAFKÄSE

4 Portionen

1000 g Hokkaidokürbis
100 ml Gemüsebrühe
Salz, Pfeffer, Kurkuma, Curry
400 g Kichererbsen aus der Dose
400 g Schafkäse

Nährwert pro Portion:

kcal: 405
Eiweiß: 27 g
Fett: 22 g
Kohlenhydrate: 26 g
Ballaststoffe: 6 g

Dampfgarer	Dämpfeinsatz	Bambuskörbchen
✔		

Zubereitung:

Kürbis in grobe Würfel schneiden, würzen und mit der Gemüsebrühe 10 Minuten in einem ungelochten Garbehälter dämpfen.

Ca. ein Viertel des Kürbisses mit einem Stabmixer pürieren. Kürbispüree zusammen mit dem gedämpften Kürbis in eine geschlossene Form geben, Kichererbsen und gewürfelten Schafkäse beimengen und nochmals 10 Minuten dämpfen.

Tipp:
Wenn man auf die Kichererbsen verzichtet, muss der Schafkäse nicht mehr gegart werden. Dieser wird einfach unter den heißen Kürbis gegeben und sofort serviert.

Hinweis:

Reich an Betacarotin, aber auch sehr eiweißreich. Fettarmer Schafkäse reduziert den Fettgehalt.

BOHNEN-TOFU-GULASCH

4 Portionen

2 Dosen geschälte Tomaten
2 Dosen Kidneybohnen
1 Dose Mais
1 Zucchini
2 Karotten
2 Zwiebeln
Salz, Pfeffer
Paprikapulver
Thymian
1 Chilischote
2 EL Essig
300 g Tofu
2 EL Magerjoghurt

Nährwert pro Portion:

kcal: 410
Eiweiß: 33 g
Fett: 11 g
Kohlenhydrate: 43 g
Ballaststoffe: 18 g

Zubereitung:

Geschälte Tomaten gemeinsam mit der fein geschnittenen Zucchini, den klein geschnittenen Karotten und den Zwiebeln ca. 10 Minuten in einem ungelochten Garbehälter dämpfen.

Bohnen und Mais zum Gemüse geben, mit Salz, Pfeffer, Paprikapulver und Thymian würzen, Chilischote entkernen, klein schneiden und zum Gemüse geben. Mit Essig abschmecken.

Tofu in Würfel schneiden und zum Gemüse geben.

Weitere 3 – 5 Minuten dämpfen.

Zum Schluss Joghurt unterrühren.

Tipp:
Mit Vollkornbrot, Reis oder gedämpften Kartoffeln servieren.

Hinweis:

Durch den hohen Ballaststoffgehalt besonders sättigend. Eignet sich als Mittagessen.

Dampfgarer	Dämpfeinsatz	Bambuskörbchen
✔		

BUNTER LINSENSALAT

4 Portionen

200 g Belugalinsen
200 g rote Linsen
1 roter Paprika
1 gelber Paprika
2 Tomaten
2 Frühlingszwiebeln
2 gehackte Knoblauchzehen
2 TL Olivenöl
Balsamicoessig
Salz, Pfeffer, Senf

Nährwert pro Portion:

kcal: 380
Eiweiß: 25 g
Fett: 4 g
Kohlenhydrate: 58 g
Ballaststoffe: 17 g

Zubereitung:

Linsen in einer Auflaufform bzw. in einem ungelochten Garbehälter nach Packungsangabe ca. 20 Minuten dämpfen.

Gemüse in kleine Würfel schneiden und unter die Linsen mischen.
Mit einer Marinade aus Öl, Essig, Salz, Pfeffer und Senf abschmecken.

Tipp:
Hülsenfrüchte erst nach dem Kochen oder Dämpfen salzen, sonst werden sie nicht weich.

Hinweis:

Reich an pflanzlichem Eiweiß. Sehr sättigend. Optimal für mittags.

Dampfgarer	Dämpfeinsatz	Bambuskörbchen
✔		

KICHERERBSENAUFSTRICH

10 Portionen

250 g Kichererbsen
50 g Magertopfen (Quark)
50 g fettarmes Joghurt
1 kleine Zwiebel
1 Knoblauchzehe
Salz, Pfeffer, Kümmel
Koriandergrün

Nährwert pro Portion:

kcal: 90
Eiweiß: 5 g
Fett: 2 g
Kohlenhydrate: 13 g
Ballaststoffe: 3 g

Dampfgarer	Dämpfeinsatz	Bambuskörbchen
✔		

Zubereitung:

Kichererbsen über Nacht in reichlich Wasser einweichen.

Am nächsten Tag das Wasser abseihen und die Kichererbsen in ein ungelochtes Gargefäß geben. Mit viel Wasser bedecken und ca. 90 Minuten weich dämpfen.

Kichererbsen abkühlen lassen und mit einem Mixstab pürieren.

Topfen und Joghurt verrühren und mit dem Kichererbsenpüree gut vermixen. Zwiebel, Knoblauch und Koriandergrün fein hacken und zum Aufstrich geben. Mit Salz, Pfeffer und Kümmel abschmecken.

Tipp:
Statt Kichererbsen können auch Sojabohnen verwendet werden.

Hinweis:

Eiweißreicher, fettarmer Aufstrich. Ideal für das Jausenbrot zwischendurch.

LINSENAUFSTRICH

10 Portionen

250 g rote oder gelbe Linsen
50 g Magertopfen (Quark)
50 g fettarmes Joghurt
Salz, Pfeffer
1 EL Honig
1 Frühlingszwiebel
1 Knoblauchzehe

Nährwert pro Portion:

kcal: 90
Eiweiß: 7 g
Fett: < 1 g
Kohlenhydrate: 14 g
Ballaststoffe: 3 g

Dampfgarer	Dämpfeinsatz	Bambuskörbchen
✔		

Zubereitung:

Die Linsen in einen ungelochten Garbehälter geben und mit reichlich Wasser bedecken. 20 Minuten weich dämpfen.

Linsen abkühlen lassen und mit dem Pürierstab fein pürieren.

Topfen und Joghurt gut vermengen und mit dem Linsenpüree vermischen. Zwiebel in Ringe schneiden, Knoblauch fein hacken und unter die Masse rühren. Mit Salz, Pfeffer und Honig abschmecken.

KARTOFFELKNÖDEL

8 kleine Knödel

560 g mehlige Kartoffeln
80 g Kartoffelstärkemehl
Salz, Pfeffer, Muskat

Nährwert pro Stück:

kcal: 75
Eiweiß: 1 g
Fett: < 1 g
Kohlenhydrate: 17 g
Ballaststoffe: 1 g

Dampfgarer	Dämpfeinsatz	Bambuskörbchen
✔	✔	✔

Zubereitung:

Kartoffeln in der Schale ca. 20 Minuten in einem gelochten Garbehälter dämpfen.

Noch heiß schälen und durch eine Kartoffelpresse drücken. Leicht auskühlen lassen. Stärkemehl dazugeben, würzen und zu einem Teig verkneten.

8 Knödel formen und 25 Minuten in einem gelochten, eingefetteten (oder mit löchrigem Backpapier ausgelegten) Garbehälter dämpfen.

Tipp:

Ideale Beilage zu Fleisch, aber auch zu Sauerkraut, Rotkraut oder Wirsing.

Hinweis:

Sehr leicht nachzukochen. Im Dampfgarer zerkochen oder zerfallen die Knödel nicht.

SCHUPFNUDELN

4 Portionen

700 g mehlige Kartoffeln
2 Eier
6 EL Weizenvollkornmehl
Salz
Muskatnuss

Butter zum Schwenken

Nährwert pro Portion:

kcal: 305
Eiweiß: 10 g
Fett: 12 g
Kohlenhydrate: 38 g
Ballaststoffe: 5 g

Dampfgarer	Dämpfeinsatz	Bambuskörbchen
✔	✔	✔

Zubereitung:

Kartoffeln in der Schale ca. 25 – 30 Minuten in einem gelochten Garbehälter dämpfen, dann schälen und noch heiß durch die Kartoffelpresse drücken.

Eier und Mehl zu den Kartoffeln geben, mit Salz und Muskat würzen, vermischen und zu einem mittelfesten Teig verkneten. Aus dem Teig eine Rolle formen, kleine Stücke abschneiden und diese zu fingerdicken Nudeln rollen.

Nudeln 15 – 20 Minuten in einem gelochten, eingefetteten (oder mit löchrigem Backpapier ausgelegten) Garbehälter dämpfen.

Vor dem Servieren in etwas zerlassener Butter schwenken.

Tipp:
Schupfnudeln sind eine ideale Beilage zu Fleischgerichten, schmecken aber auch zu Sauerkraut sehr gut.

Hinweis:

Kohlenhydratreich. Die Schupfnudeln enthalten sehr viel Kalium. Ein Gericht für Ausdauersportler.

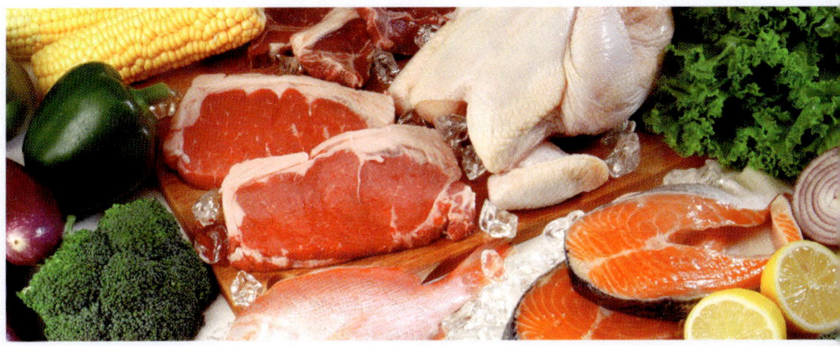

SCHARFES GEMÜSE-HUHN-RAGOUT

4 Portionen

4 Stück Hühnerbrüste (à 150 g)
2 Zwiebeln
1 Zucchini
1 roter Paprika
2 Tomaten
200 ml Hühner- oder Gemüsebrühe
etwas geriebener Ingwer
Chili
Salz, Pfeffer
2 EL Magerjoghurt
Minze zum Garnieren

Nährwert pro Portion:

kcal: 205
Eiweiß: 28 g
Fett: 2 g
Kohlenhydrate: 8 g
Ballaststoffe: 4 g

Dampfgarer	Dämpfeinsatz	Bambuskörbchen
✔		

Zubereitung:

Hühnerbrüste in feine Streifen schneiden. Die Zwiebeln in Ringe schneiden, Zucchini, Paprika und Tomaten grob würfeln.

Hühnerstreifen und Gemüse in einen ungelochten Garbehälter geben, mit der Brühe aufgießen und die Gewürze beimengen.

15 Minuten dämpfen. Flüssigkeit gegebenenfalls abgießen.

Joghurt unterrühren und mit der Minze garniert servieren.

Tipp:
Mit Basmatireis, den man gleichzeitig dämpfen kann, servieren.

Hinweis:

Ein eiweißreiches Gericht und eine ideale Abendmahlzeit – besonders nach einem Krafttraining.

SCHINKENKNÖDEL

10 Knödel

Für die Knödelmasse:
800 g Kartoffeln
150 g Mehl
80 g Grieß
1 Ei
Salz

Für die Fülle:
2 Zwiebeln
1 Knoblauchzehe
1 EL Rapsöl
250 g geräucherte Putenbrust (Putenschinken)
Petersilie
Pfeffer
Paprikapulver

Nährwert pro Stück:

kcal: 180
Eiweiß: 11 g
Fett: 2 g
Kohlenhydrate: 28 g
Ballaststoffe: 3 g

Dampfgarer	Dämpfeinsatz	Bambuskörbchen
✔	✔	✔

Zubereitung:

Kartoffeln ca. 25 Minuten in einem gelochten Garbehälter dämpfen.

Anschließend schälen und durch eine Kartoffelpresse drücken. Rasch mit Mehl, Grieß, Ei und Salz zu einem Teig verkneten.

Für die **Fülle** Zwiebeln und Knoblauch fein hacken, in Rapsöl glasig rösten. Die geräucherte Putenbrust in feine Würfel schneiden, zugeben, kurz mitrösten. Die Masse abkühlen lassen, mit Petersilie, Pfeffer und Paprikapulver würzen.

Den Teig zu einer Rolle formen, zehn gleich große Stücke abschneiden und jeweils zu kleinen Schüsseln formen. Schinkenmasse einfüllen und Knödel verschließen.

Knödel ca. 15 – 20 Minuten im gelochten, eingefetteten (oder mit löchrigem Backpapier ausgelegten) Garbehälter dämpfen.

Tipp:
Zu den Schinkenknödeln passt Blattsalat oder warmer Krautsalat.

Hinweis:

Eiweißreich durch das Putenfleisch und das Ei. Kartoffeln liefern zusätzlich Kalium.

NUDELAUFLAUF

4 Portionen

250 g Nudeln (Fleckerln, Spiralnudeln oder Hörnchen)
250 g fettarmer Schinken
5 EL Butter
2 Eier
4 EL geriebener Käse
3 EL Joghurt
Salz, Pfeffer, Muskatnuss
2 EL Parmesan zum Bestreuen

Nährwert pro Portion:

kcal: 490
Eiweiß: 30 g
Fett: 22 g
Kohlenhydrate: 43 g
Ballaststoffe: 3 g

Dampfgarer	Dämpfeinsatz	Bambuskörbchen
✔		

Zubereitung:

Nudeln in einen ungelochten Garbehälter geben und mit reichlich Salzwasser bedeckt ca. 8 Minuten bissfest dämpfen (Zeit laut Packungsanweisung). Nudeln abseihen, mit kaltem Wasser abschrecken und abtropfen lassen.

Eier trennen. Butter mit Eidotter schaumig rühren, geriebenen Käse und Joghurt dazugeben und mit Salz, Pfeffer und Muskatnuss würzen. Den Schinken kleinwürfelig schneiden und gemeinsam mit den Nudeln unter die Butter-Dotter-Masse mengen. Eiklar mit etwas Salz steif schlagen und ebenfalls unter die Masse heben.

Eine Auflaufform mit Butter ausstreichen, die Nudelmasse einfüllen und mit dem Parmesan bestreuen.

Ca. 35 – 45 Minuten dämpfen.

Tipp:
Für eine knusprige Kruste den Auflauf im Backofen bei 220 °C ca. 5 Minuten gratinieren.

Hinweis:

Sehr energiereich.

PUTENROULADE MIT SPINAT-SCHAFKÄSEFÜLLUNG

4 Portionen

400 g Blattspinat
Salz, Pfeffer
2 Knoblauchzehen
100 g Schafkäse
4 dünne Putenschnitzel

Nährwert pro Portion:

kcal: 155
Eiweiß: 25 g
Fett: 6 g
Kohlenhydrate: 0 g
Ballaststoffe: 3 g

Dampfgarer ✔ | Dämpfeinsatz | Bambuskörbchen

Zubereitung:

Blattspinat ca. 3 Minuten in einem gelochten Garbehälter dämpfen, würzen und den zerdrückten Knoblauch unterheben. Schafkäse in kleine Würfel schneiden und zum Blattspinat geben.

Putenschnitzel salzen und pfeffern, mit der Blattspinat-Schafkäse-Masse zu zwei Drittel belegen, einrollen und mit einem Zahnstocher fixieren.

Putenrollen in einem gelochten Garbehälter 20 Minuten dämpfen.

Tipp:
Mit Wildreis, braunem Reis oder Bandnudeln servieren.

Hinweis:

Eiweißreich. Auch als Abendessen ideal.

POLLO ROSSO

4 Portionen

2 Hühnerbrüste à 300 g
Salz, Pfeffer
500 g passierte Tomaten
Knoblauch, Salz, Pfeffer
Basilikum, Oregano
Chili, Pfefferoni
4 schwarze Oliven

Nährwert pro Portion:

kcal: 195
Eiweiß: 36 g
Fett: 3 g
Kohlenhydrate: 4 g
Ballaststoffe: < 1 g

Zubereitung:

Hühnerbrüste beidseitig mit Salz und Pfeffer würzen. In eine Auflaufform geben.

Tomaten mit den Gewürzen, dem Knoblauch und den gehackten Kräutern vermischen und über die Hühnerbrüste geben, sodass diese völlig bedeckt sind.

Oliven entsteinen, in Ringe schneiden und auf die Tomatensauce legen.

20 Minuten dämpfen.

Tipp:
Als Beilage eignen sich Nudeln, Reis, aber auch gedämpfter Couscous oder Bulgur. Die Beilagen kann man vor Ende der Garzeit (je nach Packungsangabe) in einem eigenen Behälter mit dem Huhn mitgaren.

Hinweis:

Eiweißreich und reich am Schutzstoff Lykopin.

Dampfgarer	Dämpfeinsatz	Bambuskörbchen
✔		

HÄHNCHEN MIT ROSMARINHAUBE

4 Portionen

4 Hühnerschnitzel à 150 g
Salz, Pfeffer

200 g Karfiol (Blumenkohl)
2 Dotter
20 g Kartoffelstärke
Salz, Pfeffer
frischer Rosmarin, fein gehackt

Nährwert pro Portion:

kcal: 215
Eiweiß: 38 g
Fett: 4 g
Kohlenhydrate: 5 g
Ballaststoffe: < 1 g

Dampfgarer	Dämpfeinsatz	Bambuskörbchen
✔		

Zubereitung:

Hühnerschnitzel würzen und in einen Behälter geben.

Karfiol in kleine Röschen teilen und 10 Minuten in einem gelochten Garbehälter dämpfen, mit einer Gabel zerdrücken. Dotter und die Kartoffelstärke dazugeben, würzen und fein gehackten Rosmarin unterheben.

Gemüse-Rosmarin-Masse auf die Hühnerschnitzel streichen.

15 Minuten dämpfen.

Tipp:
Als Beilage eignen sich Kartoffeln.

Hinweis:

Eiweißreich. Als Abendmahlzeit nach einem Kraftsporttraining ideal.

TAFELSPITZ

6 Portionen

1 Tafelspitz, ca. 1,5 kg
3 Karotten
3 Gelbe Rüben
1 kleiner Sellerie
1 Zwiebel
2 Lorbeerblätter, 10 Pfefferkörner,
2 Wacholderbeeren
Salz

Schnittlauch zum Bestreuen

Nährwert pro Portion:

kcal: 350 g
Eiweiß: 38 g
Fett: 21 g
Kohlenhydrate: 1 g
Ballaststoffe: 1 g

Dampfgarer	Dämpfeinsatz	Bambuskörbchen
✔		

Zubereitung:

In einer großen ungelochten Schale etwa 2 Liter Wasser erhitzen. Tafelspitz von Sehnen und Häuten befreien, Fetteindeckung aber belassen. Fleisch mit Lorbeerblättern, Pfefferkörnern sowie Wacholderbeeren zugeben und ca. 2 Stunden im Dampfgarer bei 100 °C köcheln lassen.

Die ungeschälte Zwiebel halbieren und in einer (alten) Pfanne ohne Fett an den Schnittflächen dunkelbraun rösten. Gemüse in grobe Würfel schneiden und nun gemeinsam mit der Zwiebel dem Fleisch zugeben. Noch etwa eine Stunde weiterkochen, bis das Fleisch wirklich weich ist.

Fleisch herausgeben, Suppe abseihen und danach das Fleisch in der Suppe noch etwas rasten lassen.

Tafelspitz in Scheiben schneiden, auf vorgewärmten Tellern anrichten, etwas Suppe angießen und mit Salz sowie Schnittlauch bestreuen.

Tipp:
Die feine Suppe muss noch mit Salz abgeschmeckt werden. Sie kann vor dem Fleischgang mit einer Suppeneinlage serviert werden. Als klassische Beilagen werden zum Tafelspitz knusprig gebratene Kartoffeln, Schnittlauchsauce und Apfelkren serviert.

Hinweis:

Eiweißreich und reich an Eisen.

EXOTISCHES HÄHNCHENRAGOUT

4 Portionen

4 Hühnerschnitzel à 130 g – 150 g
Salz, Pfeffer,
2 EL Sojasauce
160 ml Kokosmilch
2 TL Curry
200 g roter Paprika
400 g Sojasprossen
400 g Ananas

Nährwert pro Portion:

kcal: 275
Eiweiß: 26 g
Fett: 11 g
Kohlenhydrate: 17 g
Ballaststoffe: 6 g

Dampfgarer	Dämpfeinsatz	Bambuskörbchen
✔		

Zubereitung:

Hühnerschnitzel in feine Streifen schneiden. Mit Salz, Pfeffer und Sojasauce marinieren und in einen ungelochten Garbehälter legen. Kokosmilch mit Curry vermischen und über das Fleisch gießen. Paprika in Würfel schneiden und mit den Sojasprossen zum Fleisch geben.

15 Minuten dämpfen.

Zum Schluss klein geschnittene Ananasstücke dazugeben und servieren.

Tipp:
Mit Basmatireis, den man gleichzeitig dämpfen kann, servieren.

Hinweis:

Eiweißreich, aber auch reich an Ballaststoffen.

KOHLROULADE IN TOMATEN-PAPRIKASAUCE

6 Portionen

6 schöne Kohlblätter
700 g mageres Faschiertes (Hackfleisch)
2 Eier
3 EL Semmelbröseln (Paniermehl)
1 EL Joghurt
1 kleine Zwiebel
Petersilie, fein gehackt
1 Paprika
3 Knoblauchzehen
3 Tomaten
1 EL Tomatenmark
1/4 l nicht zu kräftige Rindsuppe

Nährwert pro Portion:

kcal: 265
Eiweiß: 28 g
Fett: 13 g
Kohlenhydrate: 9 g
Ballaststoffe: 3 g

Dampfgarer	Dämpfeinsatz	Bambuskörbchen
✔		

Zubereitung:

Die Kohlblätter im Dampfgarer blanchieren, anschließend in Eiswasser abschrecken und auf einem Küchenpapier abtropfen lassen.

Die Semmelbröseln mit dem Joghurt vermischen und mit den Eiern, Gewürzen, der Zwiebeln und mit frisch gehackter Petersilie unter das Faschierte heben. Die fertige Masse auf den Kohlblättern verteilen und mit einem Küchenspagat binden.

Knoblauch, geschnittene Tomaten (vorher eventuell enthäuten) und Paprikawürfel in der Pfanne kurz anschwitzen, tomatisieren (Tomatenmark unterrühren) und mit Suppe aufgießen. Die Tomatensauce in einen geschlossenen Garbehälter geben und die Roulade hineinlegen.

Ca. 20 – 30 Minuten dämpfen.

Die fertigen Rouladen kurz warm stellen und die Sauce mit einem Stabmixer pürieren.

RINDSROULADEN

4 Portionen

4 Rindsschnitzel
Salz, Pfeffer, Senf
1 Zwiebel
Sellerie, Karotten, in Würfel geschnitten
750 ml Rindsuppe
etwas Rotwein
etwas Mehl und Sauerrahm zum Binden der Sauce

Für die Fülle:

Karotten, Sellerie und Essiggurken

Nährwert pro Portion:

kcal: 250
Eiweiß: 44 g
Fett: 6 g
Kohlenhydrate: < 1 g
Ballaststoffe: < 1 g

Dampfgarer ✔ | Dämpfeinsatz | Bambuskörbchen

Zubereitung:

Rindsschnitzel vorsichtig klopfen oder zwischen Frischhaltefolie plattieren. Salzen, pfeffern und mit Senf bestreichen. Die in Scheiben oder Stifte geschnittenen Karotten, Sellerie und Essiggurken darauf verteilen. Fleisch einrollen und mit Zahnstochern fixieren.

In einer Pfanne Öl erhitzen, Rouladen rundherum anbraten und aus der Pfanne heben. Danach Zwiebel im Öl anrösten, Sellerie und Karotten dazugeben und mit Rindsuppe und etwas Rotwein aufgießen.

Rouladen in eine ungelochte Garschale geben, mit dem Saft übergießen und die Garschale in den Dampfgarer schieben.

1 Stunde dämpfen.

Danach Rouladen aus der Sauce heben, Zahnstocher entfernen und das Fleisch warm stellen. Sauce in einen Topf geben und aufkochen lassen. Sauerrahm, Mehl und eventuell etwas Senf verrühren und in die kochende Sauce einrühren.

Rouladen auf vorgewärmten Tellern servieren und mit Sauce übergießen.

Tipp:
Als Beilage passen gut Bandnudeln.

GESELCHTES MIT SAUERKRAUT

4 Portionen

500 g fertiges Sauerkraut
Lorbeerblatt, Wacholderbeeren
600 g Selchkarree, in Scheiben geschnitten

Nährwert pro Portion:

kcal: 280
Eiweiß: 34 g
Fett: 15 g
Kohlenhydrate: 1 g
Ballaststoffe: 4 g

Dampfgarer	Dämpfeinsatz	Bambuskörbchen
✔		

Zubereitung:

Sauerkraut und Gewürze in einen ungelochten Garbehälter legen. Selchkarree darauflegen und mit einer Schicht Sauerkraut abdecken.

Ca. 40 Minuten dämpfen.

Tipp:
Etwas Ananassaft (ca. 50 ml) verleiht dem Sauerkraut Geschmack und nimmt etwas die Säure.

Hinweis:

Eiweißreich, aber auch reich an Ballaststoffen und Vitamin C. Eher schwer verdaulich, daher eine typische Mittagsmahlzeit.

SEEZUNGE IM SPINATMANTEL

4 Portionen

600 g Seezungenfilet
Salz, Pfeffer, Zitronensaft
16 große Spinatblätter

Nährwert pro Portion:

kcal: 130
Eiweiß: 27 g
Fett: 2 g
Kohlenhydrate: 0 g
Ballaststoffe: 0 g

Dampfgarer	Dämpfeinsatz	Bambuskörbchen
✔	✔	✔

Zubereitung:

Seezungenfilet in vier Stücke schneiden, würzen.

Spinatblätter kurz im heißen Wasser blanchieren oder 2 Minuten im Dampfgarer (Lochbehälter) dämpfen. Überkühlen lassen.

Die Fischstücke in jeweils vier Spinatblätter wickeln und ca. 10 Minuten bei 80 °C dämpfen.

Tipp:

Mit Reis servieren. Dazu zuerst den Reis je nach Variante bei 100 °C dämpfen und erst in den letzten 10 Minuten den Fisch dazugeben, die Temperatur aber auf 80 °C drosseln.

Hinweis:

Eiweißreich. Besonders leichtes Essen für den Mittag oder am Abend. Ideal auch nach einem Krafttraining.

LACHS IM GEMÜSEBETT

4 Portionen

400 g Karotten
200 g Zucchini
4 Frühlingszwiebeln
600 g Kartoffeln
Salz, Pfeffer
600 g Lachsfilet
(bevorzugt Wildlachs)
Salz, Pfeffer
etwas Zitronensaft
Zitronenscheibe für die Garnitur

Nährwert pro Portion:

kcal: 152
Eiweiß: 28 g
Fett: 1 g
Kohlenhydrate: 6 g
Ballaststoffe: 4 g

Dampfgarer	Dämpfeinsatz	Bambuskörbchen
✔		

Zubereitung:

Kartoffeln schälen, Karotten und Zucchini waschen und in nicht zu kleine Stücke schneiden. Frühlingszwiebeln schälen und in Streifen schneiden. Kartoffeln in eine gelochte Schale geben. Gemüse extra in einen weiteren gelochten Garbehälter geben und mit Salz und Pfeffer würzen.

Fischfilet würzen, mit Zitronensaft beträufeln und ebenfalls in eine eigene, leicht eingefettete Lochschale legen.

Zuerst die Kartoffeln 30 Minuten dämpfen. Nach 18 Minuten den Lachs in den Dampfgarer geben, die Temperatur auf 85 °C reduzieren. Die letzten 6 Minuten auch das Gemüse mitdämpfen.

Die Kartoffeln nach Geschmack salzen. Kartoffeln und Gemüse auf Tellern anrichten, Lachsschnitte auf das Gemüse setzen. Mit der Zitronenscheibe belegt servieren.

Tipp:
Auf diese Art können alle Fischsorten gegart werden. Die Garzeit des Fisches hängt aber von der Dicke der Fischfilets ab. Es können auch tiefgekühlte Filets gedämpft werden.

Hinweis:

Reich an Omega-3-Fettsäuren. Ideale Abendmahlzeit.

SEEZUNGENRÖLLCHEN MIT SPINATFÜLLUNG

4 Portionen

4 Seezungenfilets à 150 g
Salz, Pfeffer, Zitronensaft
ca. 100 g Blattspinat
4 Schnittlauchstängel

Nährwert pro Portion:

kcal: 130
Eiweiß: 27 g
Fett: 2 g
Kohlenhydrate: 0 g
Ballaststoffe: 1 g

Dampfgarer	Dämpfeinsatz	Bambuskörbchen
✔	✔	✔

Zubereitung:

Seezungenfilets würzen. Blattspinat entrippen und auf die Seezungenfilets legen, einrollen und mit dem Schnittlauch zubinden.

12 Minuten in einem gelochten Garbehälter bei 80 °C dämpfen.

Tipp:

Als Beilage eignet sich gedämpftes Gemüse, aber auch Reis passt sehr gut dazu.

Hinweis:

Besonders kalorienarm, aber eiweißreich. Ideal für alle, die ihr Körpergewicht reduzieren möchten.

LACHS-GURKEN-RAGOUT

4 Portionen

600 g Wildlachs
1000 g Gurken
Salz, Pfeffer, etwas Zitronensaft
80 ml Gemüsebrühe
oder Fischfond
Dill

100 g Magerjoghurt
2 TL Senf

Nährwert pro Portion:

kcal: 305
Eiweiß: 33 g
Fett: 17 g
Kohlenhydrate: 5 g
Ballaststoffe: 1 g

Dampfgarer	Dämpfeinsatz	Bambuskörbchen
✔		

Zubereitung:

Wildlachs und die Gurken in grobe Würfel schneiden. In einen ungelochten Behälter geben und würzen. Mit der Brühe aufgießen. Dill fein hacken und dazugeben.

15 Minuten dämpfen. Gegebenenfalls Flüssigkeit abgießen.

Magerjoghurt mit Senf verrühren und vor dem Servieren einrühren.

Tipp:

Als Beilage eignen sich Kartoffeln oder Reis. Der Fisch kann auch noch im tiefgekühlten Zustand in Würfel geschnitten und gleich so mitgegart werden.

Hinweis:

Eiweißreich und reich an Omega-3-Fettsäuren, ist aber dennoch ein kalorienarmes Gericht.

GARNELENRÖLLCHEN

4 Portionen

12 Reispapierblätter
200 g Lauch
200 g Karotten
16 große Garnelen (essfertig)
Salz, Pfeffer, Knoblauch

Nährwert pro Portion:

kcal: 230
Eiweiß: 33 g
Fett: 3 g
Kohlenhydrate: 16 g
Ballaststoffe: 3 g

Dampfgarer	Dämpfeinsatz	Bambuskörbchen
✔	✔	✔

Zubereitung:

Reispapier mit kaltem Wasser bestreichen bzw. laut Packungsangabe einweichen. Karotten und Lauch feinnudelig schneiden.

Reisblätter auf einem feuchten Geschirrtuch auslegen. Auf jedes Reisblatt Gemüse legen, die Garnelen auf dem Gemüse verteilen, würzen, einrollen und gut festdrücken (Reisblätter kleben von selbst).

Die Röllchen ca. 5 Minuten in einem gelochten Garbehälter bei 90 °C dämpfen.

Tipp:
Die Garnelen können auch durch grobwürfelig geschnittene Fischstücke ersetzt werden.

Hinweis:

Eiweißreich, eignet sich auch gut als Abendmahlzeit.

PANGASIUS MIT BROKKOLIHÄUBCHEN

4 Portionen

300 g Brokkoli
2 Dotter
2 EL Mehl
2 Msp. Backpulver
Salz, Pfeffer

4 Pangasiusfilets à 150 g
Salz, Pfeffer

Nährwert pro Portion:

kcal: 190
Eiweiß: 32 g
Fett: 4 g
Kohlenhydrate: 6 g
Ballaststoffe: 2 g

Dampfgarer	Dämpfeinsatz	Bambuskörbchen
✔		✔

Zubereitung:

Brokkoli in kleine Röschen teilen, 5 Minuten in einem gelochten Garbehälter dämpfen und auskühlen lassen.

Mit dem Stabmixer grob pürieren und mit den Dottern, Mehl und Backpulver vermischen. Mit Salz und Pfeffer würzen.

Fischfilets würzen und mit der Brokkolimasse bestreichen.

Fischfilets 15 Minuten bei 80 °C dämpfen.

Tipp:
Als Beilage eignen sich Kartoffeln. Für dieses Gericht können beliebige Fischsorten verwendet werden.

Hinweis:

Besonders kalorienarm, aber eiweißreich. Ideale Abendmahlzeit für alle Gewichtsbewussten.

THUNFISCH-GEMÜSE-AUFLAUF

4 Portionen

400 g Karfiol (Blumenkohl)
1 Zucchini
2 kleine rote Zwiebeln
1 Dose Zuckermais (250 g)
2 Dosen Thunfisch in eigenem Saft
Salz, Pfeffer
1 Pkg. Magertopfen (Quark)
2 Dotter
50 ml Magermilch
Salz, Pfeffer, Kren (Meerrettich)
frische Kräuter nach Belieben

Nährwert pro Portion:

kcal: 260
Eiweiß: 24 g
Fett: 11 g
Kohlenhydrate: 16 g
Ballaststoffe: 6 g

Dampfgarer	Dämpfeinsatz	Bambuskörbchen
✔		

Zubereitung:

Karfiol in kleine Röschen teilen, Zucchini in Würfel und Zwiebeln in Scheiben schneiden. Gemüse in eine ungelochte Schale legen, Mais und abgetropften Thunfisch beimengen, mit Salz, Pfeffer und Kren würzen. Topfen mit den Dottern und der Magermilch verrühren, würzen und über das Gemüse gießen.

30 Minuten dämpfen.

Mit den gehackten Kräutern bestreut servieren.

Hinweis:

Reich an Eiweiß und Omega-3-Fettsäuren, aber auch an Ballaststoffen.

FISCHSPIESSCHEN AUF GEMÜSERAGOUT

4 Portionen

600 g Seeteufel
etwas Zitronensaft, Salz, Pfeffer
4 Rosmarinzweige

2 Zucchini
1 roter Paprika
1 gelber Paprika
1/2 Mangold
Salz, Pfeffer, Knoblauch

Nährwert pro Portion:

kcal: 180
Eiweiß: 28 g
Fett: 3 g
Kohlenhydrate: 8 g
Ballaststoffe: 8 g

Dampfgarer	Dämpfeinsatz	Bambuskörbchen
✔	✔	✔

Zubereitung:

Fisch in ca. 4 cm große Würfel schneiden, mit Zitronensaft beträufeln und würzen. Die Fischwürfel auf die Rosmarinzweige spießen.

Gemüse kleinwürfelig schneiden, würzen und in einem ungelochten Behälter auf den Mangoldblättern verteilen. Fischspieße auf das Gemüse setzen.

10 Minuten bei 80 °C dämpfen.

Tipp:

Statt der Rosmarinzweige kann man auch Zitronengras als Spießchen verwenden. Sie können für dieses Gericht auch jedes andere Gemüse nehmen.

Hinweis:

Kalorienarm, eiweißreich und enthält viele Schutzstoffe. Ideal als leichtes Gericht zu Mittag oder am Abend.

INDISCHES FISCHCURRY

4 Portionen

700 g Viktoriabarsch
1 Zitrone
Salz, Pfeffer
200 g Garnelen
400 g Champignons
200 g Jungzwiebeln und Lauch
200 g Zucchini
1 großer roter Paprika
250 ml Kokosmilch, fettreduziert
100 ml Gemüsebrühe
100 ml Orangensaft
1 – 2 EL Curry
2 EL Kokosflocken
etwas Mehl oder Stärke

Nährwert pro Portion:

kcal: 300
Eiweiß: 47 g
Fett: 4 g
Kohlenhydrate: 16 g
Ballaststoffe: 6 g

Zubereitung:

Fisch in Stücke schneiden. Mit Zitronensaft, Salz und Pfeffer marinieren. Champignons vierteln, Paprika in Würfel schneiden, Zucchini halbieren und in Scheiben schneiden.

Etwas Mehl oder Stärke in die Gemüsebrühe zum Binden einrühren. Suppe, Kokosmilch und alle weiteren Zutaten bis auf die Champignons und die Zucchini in einen ungelochten Garbehälter geben. 6 Minuten dämpfen.

Zucchini und Champignons unterrühren und weitere 6 Minuten dämpfen.

Tipp:

Garnelen können mitgegart oder in der Pfanne in Butter kurz angebraten werden.

Hinweis:

Sehr eiweißreich.

Dampfgarer	Dämpfeinsatz	Bambuskörbchen
✔		

SÜSSSPEISEN

EXOTISCHER MILCHREIS MIT FRÜCHTEN

4 Portionen

200 g Rundkorn- bzw. Risottoreis
400 ml Kokosmilch
300 ml Wasser
2 EL Honig
etwas Zitronengras

200 g Ananas
200 g Mango

Nährwert pro Portion:

kcal: 255
Eiweiß: 4 g
Fett: 1 g
Kohlenhydrate: 56 g
Ballaststoffe: 2 g

Dampfgarer	Dämpfeinsatz	Bambuskörbchen
✔		

Zubereitung:

Reis, Kokosmilch und Wasser in einen ungelochten Behälter geben. Mit Honig würzen, Zitronengras beigeben.

30 Minuten dämpfen.

Ananas und Mango in mundgerechte Stücke schneiden und vor dem Servieren unterrühren.

Tipp:
Statt Kokosmilch kann man ohne Weiteres auch Milch verwenden und 2 EL Kokosraspeln dazugeben.

Hinweis:

Kohlenhydratreich. Richtig für sportlich Aktive.

GRÜNKERN-VANILLECREME MIT FRISCHEN FRÜCHTEN

4 Portionen

200 g Erdbeeren
100 g Heidelbeeren
1 Apfel
etwas Zitronensaft

400 ml Magermilch
4 EL Honig
Zimt, Vanilleschote
150 g Grünkernschrot
200 g Vanillejoghurt, fettarm

Nährwert pro Portion:

kcal: 280
Eiweiß: 10 g
Fett: 2 g
Kohlenhydrate: 35 g
Ballaststoffe: 7 g

Dampfgarer	Dämpfeinsatz	Bambuskörbchen
✔		

Zubereitung:

Früchte waschen, Apfel ungeschält in kleine Würfel schneiden und mit etwas Zitronensaft beträufeln.

Grünkernschrot in heiße Milch einrühren, mit Honig, Vanilleschote und Zimt 15 Minuten dämpfen. Vanilleschote entfernen, leicht überkühlen lassen.

Vanillejoghurt einrühren und das Obst vorsichtig unterrühren.

Tipp:

Statt Grünkern eignet sich auch Grieß, Couscous oder Polenta (Maisgrieß)

Hinweis:

Kohlenhydratreich und reich an Schutzstoffen. Ideale Zwischenmahlzeit für Aktive.

INGWER-CREME MIT FRUCHTSPIESSEN

4 Portionen

500 ml Sojamilch, ungesüßt, fettarm
1 Pkg. Vanillepuddingpulver
1 Stück Ingwer
2 EL Zucker
einige Fäden Safran

Obst nach Belieben
4 Holzspießchen bzw.
4 Zitronengrasstängel

Nährwert pro Portion:

kcal: 180
Eiweiß: 5 g
Fett: 3 g
Kohlenhydrate: 33 g
Ballaststoffe: 6 g

Dampfgarer	Dämpfeinsatz	Bambuskörbchen
✔		

Zubereitung:

Puddingpulver mit etwas Sojamilch glatt rühren. Restliche Sojamilch erhitzen, Puddingmischung einrühren und gut durchrühren. Ingwer fein reiben und gemeinsam mit dem Zucker und dem Safran dazugeben.

Masse in vier feuerfeste Förmchen geben und 5 Minuten dämpfen.

Obst in mundgerechte Stücke schneiden und auf die Holzspießchen aufspießen. Spieße zur Creme servieren.

Tipp:
Obst auf Zitronengrasstängel aufspießen.

Hinweis:

Ideales, leichtes Dessert.

APFELNOCKERL MIT HEIDELBEERSAUCE

4 Portionen

Für die Nockerln:
250 g Magertopfen (Quark)
1 Ei
2 EL Mehl
4 EL Semmelbröseln (Paniermehl)
2 EL Vanillezucker
2 EL geriebene Walnüsse
1 Apfel
1 EL Zitronensaft
Zimt

Für die Sauce:
250 g Heidelbeeren
1 EL Honig
Zimt

geriebene Walnüsse zum Bestreuen

Nährwert pro Portion:

kcal: 235
Eiweiß: 13 g
Fett: 6 g
Kohlenhydrate: 30 g
Ballaststoffe: 5 g

Dampfgarer	Dämpfeinsatz	Bambuskörbchen
✔	✔	✔

Zubereitung:

Für die **Nockerln** Topfen, Ei, Mehl, Bröseln und Vanillezucker glatt rühren. Apfel schälen, entkernen, grob reiben, mit Zitronensaft beträufeln und mit den Walnüssen und dem Zimt unterrühren. Die Masse mindestens 20 Minuten kalt stellen.

Aus dem Teig mit einem großen Esslöffel Nockerln formen und im gelochten, eingefetteten (oder mit löchrigem Backpapier ausgelegten) Garbehälter ca. 10 – 15 Minuten dämpfen.

Für die **Sauce** Heidelbeeren mit Honig vermischen und mit einem Stabmixer pürieren. Mit Zimt abschmecken.

Sauce auf den Tellern anrichten und mit jeweils zwei Nockerln servieren. Diese noch mit gemahlenen Nüssen bestreuen.

Tipp:
Statt Heidelbeeren können auch viele andere Obstsorten wie Himbeeren, Erdbeeren oder Brombeeren verwendet werden. Köstlich schmecken die Apfelnockerl aber auch mit einer Vanillesauce. Statt des Apfels kann man auch eine Birne in die Nockerlmasse geben.

Hinweis:

Topfen und Ei liefern wertvolles Eiweiß, die Heidelbeeren eine Menge Schutzstoffe.

MOHNTASCHERL MIT BIRNENFÜLLUNG

10 Stück

Für die Tascherln:
120 g Weizenmehl
2 kleine TL Trockenhefe
1/2 TL Backpulver
1 Prise Salz
2 EL Honig
60 ml lauwarmes Wasser
15 g Butter

Für die Füllung:
20 g Mohn, gemahlen
100 ml heiße Magermilch
1 EL Honig
1 Birne
etwas Zitronensaft

Nährwert pro Stück:

kcal: 85
Eiweiß: 2 g
Fett: 2 g
Kohlenhydrate: 14 g
Ballaststoffe: 1 g

Dampfgarer	Dämpfeinsatz	Bambuskörbchen
✔	✔	✔

Zubereitung:

Alle Zutaten vermengen, zu einem Teig verarbeiten und zugedeckt 30 Minuten gehen lassen.

Für die **Füllung** Mohn mit heißer Magermilch übergießen, Honig dazugeben und insgesamt 20 Minuten quellen lassen. Birne schälen, in Würfel schneiden, mit dem Zitronensaft beträufeln und zum Mohn geben.

Teig in 10 Bällchen teilen, in der Hand flach drücken, mit der Mohnmasse füllen und zusammenklappen. Gut verschließen und weitere 15 Minuten gehen lassen.

Die Tascherln 15 Minuten im gelochten, eingefetteten (oder mit löchrigem Backpapier ausgelegten) Garbehälter dämpfen.

Tipp:
Statt Birnen kann man auch Marillen verwenden. Vanillesauce passt genauso gut wie verschiedene Obstpürees.

Hinweis:

Eine süße Köstlichkeit für zwischendurch. Zählt aber zu den Süßigkeiten, daher sollten die Tascherln nur selten gegessen werden.

MOHNNUDELN

4 Portionen

600 g Kartoffeln, mehlig
140 g Vollkornmehl
2 Eier
Salz
100 g Mohn, gemahlen
4 TL Staubzucker (Puderzucker)

Nährwert pro Portion:

kcal: 399
Eiweiß: 16 g
Fett: 15 g
Kohlenhydrate: 49 g
Ballaststoffe: 12 g

Dampfgarer	Dämpfeinsatz	Bambuskörbchen
✔	✔	✔

Zubereitung:

Kartoffeln ca. 25 – 30 Minuten im gelochten Garbehälter dämpfen.

Gekochte Kartoffeln schälen und noch heiß durch die Kartoffelpresse drücken. Kartoffelmasse mit Mehl, den Eiern und Salz mit den Händen oder mit dem Knethaken zu einem glatten Teig verkneten.

Auf einer bemehlten Arbeitsfläche aus dem Kartoffelteig fingerdicke, ca. 5 cm lange Nudeln rollen und diese 10 Minuten im gelochten, eingefetteten (oder mit löchrigem Backpapier ausgelegten) Garbehälter dämpfen.

In einer beschichteten Pfanne Mohn erwärmen, mit 2 TL Zucker vermischen. Die Kartoffelnudeln darin wälzen.

Die Mohnnudeln anrichten, mit dem restlichen Staubzucker bestreut servieren.

Tipp:
Statt Mohn kann man auch geriebene Nüsse nehmen und so Nussnudeln zubereiten.

Hinweis:

Kohlenhydrat- und ballaststoffreich. Durch die Kartoffeln erhält man auch reichlich Kalium.

MANDELBUCHTELN

8 Stück

250 g Dinkelmehl
2 EL brauner Zucker
Salz
5 g Trockenhefe
1 Ei
40 g Mandelmus
125 ml Magermilch

Nährwert pro Stück:

kcal: 325
Eiweiß: 11 g
Fett: 8 g
Kohlenhydrate: 81 g
Ballaststoffe: 3 g

Dampfgarer	Dämpfeinsatz	Bambuskörbchen
✔		✔

Zubereitung:

Mehl, Zucker, Salz und Hefe mischen. Milch, Ei und Mandelmus verrühren und gemeinsam zu einem glatten Teig verkneten. Abgedeckt an einem warmen Ort 30 Minuten gehen lassen.

Den Teig auf einer bemehlten Arbeitsfläche erneut durchkneten und in 8 Portionen teilen, zu Kugeln formen und in einen gelochten, eingefetteten (oder mit löchrigem Backpapier ausgelegten) Garbehälter geben. 10 Minuten gehen lassen.

20 Minuten dämpfen.

Tipp:
Mit Vanillesauce servieren.

Hinweis:

Für süße Genießer.

NUSSNUDELN

4 Portionen

700 g mehlige Kartoffeln
2 Eier
6 EL Weizenvollkornmehl
Salz

160 g Walnüsse
2 EL Staubzucker (Puderzucker)

Nährwert pro Portion:

kcal: 515
Eiweiß: 15 g
Fett: 28 g
Kohlenhydrate: 48 g
Ballaststoffe: 7 g

Dampfgarer	Dämpfeinsatz	Bambuskörbchen
✔	✔	✔

Zubereitung:

Kartoffeln in der Schale ca. 25 – 30 Minuten im gelochten Garbehälter dämpfen, dann schälen und noch heiß durch die Kartoffelpresse drücken.

Eier und Mehl zu den Kartoffeln geben, salzen, vermischen und zu einem mittelfesten Teig verkneten. Aus dem Teig eine Rolle formen, kleine Stücke abschneiden und diese zu fingerdicken Nudeln rollen.

Nudeln 20 Minuten im gelochten, eingefetteten (oder mit löchrigem Backpapier ausgelegten) Garbehälter dämpfen.

Walnüsse reiben, mit dem Staubzucker vermischen und die Nudeln darin wälzen.

Hinweis:

Kohlenhydrat- und fettreich. Durch die Walnüsse gibt es aber auch eine Extraportion Vitamin E.

TOPFENSOUFFLÉ

4 Portionen

150 ml Milch
10 g Stärke
20 g Butter
3 Dotter
Schale von je 1 Zitrone und Orange (unbehandelt)
125 g Magertopfen (Quark)
3 Eiklar
60 g Zucker
20 g Mehl

Butter und Kristallzucker für die Form

Nährwert pro Portion:

kcal: 230
Eiweiß: 12 g
Fett: 9 g
Kohlenhydrate: 24 g
Ballaststoffe: < 1 g

Zubereitung:

Kalte Milch mit Stärke glatt rühren, auf dem Herd erwärmen und 1 Minute rühren. Butter dazugeben und abkühlen lassen. Die Dotter einzeln unterheben, Topfen und Abrieb von der Zitrone und Orange dazugeben.

Die drei Eiklar mit Zucker zu einem festen Schnee schlagen und gemeinsam mit dem Mehl unter die Soufflémasse mischen.

Souffléformen ausbuttern und mit Kristallzucker ausstreuen, Masse einfüllen.

Die Souffléförmchen sollten höchstens zu zwei Dritteln gefüllt werden, da die Masse sehr aufgeht.

20 Minuten dämpfen.

Sofort servieren.

Tipp:
Mit Fruchtsauce servieren. Dazu Früchte nach Wahl pürieren.

Hinweis:

Für Gäste. Ein leichter, raffinierter Nachtisch.

Dampfgarer	Dämpfeinsatz	Bambuskörbchen
✔		

MARONISOUFFLÉ

4 Portionen

2 Eier
40 g Zucker
2 Pkg. Vanillezucker
100 g Maroni, gekocht und püriert (aus dem Glas oder aus der Dose)
2 TL Rum
20 g Schokolade
2 EL Semmelbröseln (Paniermehl)

Fett und Zucker für die Form

Nährwert pro Portion:

kcal: 205
Eiweiß: 6 g
Fett: 6 g
Kohlenhydrate: 31 g
Ballaststoffe: 3 g

Zubereitung:

Eier trennen. Die Eidotter mit etwas Zucker und dem Vanillezucker schaumig rühren. Maronipüree und Rum dazugeben. Schokolade fein reiben und unter die Eimasse rühren.

Eiklar mit dem restlichen Zucker steif schlagen und gemeinsam mit den Semmelbröseln vorsichtig unter die Masse heben.

Soufflétörmchen ausbuttern und mit Zucker bestreuen. Masse einfüllen.

25 – 30 Minuten bei 90 °C dämpfen.

Sofort servieren.

Tipp:
Mit Orangen- oder Mangosauce servieren.

Hinweis:

Raffiniert. Ideal für Gäste oder für besondere Feste.

Dampfgarer	Dämpfeinsatz	Bambuskörbchen
✔		

WARMER SCHOKOLADENAUFLAUF

4 Portionen

90 g Bitterschokolade
70 g Zucker
1 Pkg. Vanillezucker
2 Eier
1 Eidotter
100 g Magertopfen (Quark)
80 g Weizenmehl, glatt
1 Msp. Backpulver
4 kleine Stück Schokolade zum Füllen

Butter und Mehl für die Form

Nährwert pro Portion:

kcal: 350
Eiweiß: 13 g
Fett: 11 g
Kohlenhydrate: 48 g
Ballaststoffe: 5 g

Dampfgarer	Dämpfeinsatz	Bambuskörbchen
✔		

Zubereitung:

Schokolade im Wasserbad vorsichtig schmelzen. Zucker, Vanillezucker, Eier und Eidotter mit dem Mixer sehr schaumig schlagen. Topfen unterrühren.

Mehl mit Backpulver vermischen und mit der flüssigen Schokolade zur Ei-Topfen-Masse geben.

Vier kleine Auflaufförmchen mit flüssiger Butter auspinseln und mit Mehl bestäuben. Masse in die Förmchen füllen. Zum Schluss ein kleines Stück Schokolade in die Masse drücken, sodass dieses voll bedeckt ist.

Auflaufformen mit Alufolie abdecken und für mindestens 8 Stunden einfrieren.

Anschließend 25 – 30 Minuten bei 90 °C dämpfen.

Sofort servieren.

Tipp:
Mit Vanilleeis servieren. Ist ideal für Gäste, da man es bereits am Vortag zubereiten kann. Die Aufläufe können auch im vorgeheizten Backrohr bei 180 °C Heißluft für 25 Minuten gebacken werden.

Hinweis:

Für Gäste, die Besonderes lieben.

ZWETSCHKENKNÖDEL

12 Knödel

500 g Magertopfen (Quark)
140 g glattes Mehl
80 g Dinkelgrieß
Prise Salz
12 Zwetschken
100 g Semmelbröseln (Paniermehl)
20 g Kristallzucker

Nährwert pro Stück:

kcal: 145
Eiweiß: 8 g
Fett: 1 g
Kohlenhydrate: 26 g
Ballaststoffe: 2 g

Dampfgarer	Dämpfeinsatz	Bambuskörbchen
✔	✔	✔

Zubereitung:

Magertopfen, Mehl, Dinkelgrieß und Salz vermengen. Den Teig mindestens 30 Minuten im Kühlschrank rasten lassen.

Anschließend den Teig zu einer Rolle formen, in zwölf gleich große Teile schneiden und die gewaschenen Zwetschken damit umhüllen.

Die Knödel 15 Minuten im gelochten, eingefetteten (oder mit löchrigem Backpapier ausgelegten) Garbehälter dämpfen.

Inzwischen in einer beschichteten Pfanne die Semmelbröseln und den Kristallzucker ohne Fett anrösten. Abgetropfte Knödel in den Bröseln wälzen und servieren.

Tipp:
Zum Füllen kann man auch Marillen oder Erdbeeren verwenden.

Hinweis:

Für Süße, sehr fettarm.

NUSSPUDDING

4 Portionen

60 g Bitterschokolade
4 Eier
2 Pkg. Vanillezucker
200 g Magertopfen (Quark)
geriebene Zitronenschale
4 EL Zucker
40 g geriebene Walnüsse

Butter und Zucker für die Form

Nährwert pro Portion:

kcal: 345
Eiweiß: 17 g
Fett: 20 g
Kohlenhydrate: 26 g
Ballaststoffe: 3 g

Dampfgarer ✔ | Dämpfeinsatz | Bambuskörbchen

Zubereitung:

Schokolade im Wasserbad langsam schmelzen. Eier trennen. Eigelb und Vanillezucker schaumig rühren, Magertopfen und Zitronenschale beimengen und gut verrühren.

Eiklar mit Zucker zu einem festen Eischnee schlagen. Eischnee und Nüsse vorsichtig unter die Topfenmasse rühren.

Souffléförmchen ausbuttern und mit Zucker bestreuen.

Masse einfüllen und 25 – 30 Minuten bei 90 °C dämpfen.

Tipp:
Statt Souffléförmchen kann man auch feuerfeste Kaffeetassen verwenden und den Pudding gleich in der Tasse servieren.

MOZARTKNÖDEL

12 Knödel

500 g Magertopfen (Quark)
140 g glattes Mehl
80 g Dinkelgrieß
Prise Salz
12 Mozartkugeln
100 g Biskotten (Löffelbiskuits)

Nährwert pro Stück:

kcal: 215
Eiweiß: 9 g
Fett: 5 g
Kohlenhydrate: 32 g
Ballaststoffe: 2 g

Dampfgarer	Dämpfeinsatz	Bambuskörbchen
✔	✔	✔

Zubereitung:

Magertopfen, Mehl, Dinkelgrieß und Salz vermengen. Den Teig mindestens 30 Minuten im Kühlschrank rasten lassen.

Anschließend den Teig zu einer Rolle formen, in zwölf gleich große Teile schneiden und die Mozartkugeln damit umhüllen.

Die Knödel 10 – 15 Minuten im gelochten, eingefetteten (oder mit löchrigem Backpapier ausgelegten) Garbehälter dämpfen.

Biskotten in einen Plastikbeutel geben und fein zerdrücken. Abgetropfte Knödel in den Biskottenbröseln wälzen.

Tipp:
Anstelle der Mozartkugeln können auch andere Schokokugeln oder einfach nur ein Stück Schokolade verwendet werden.

Hinweis:

Eine raffinierte Überraschung, wenn Gäste kommen.

GERMKNÖDEL

8 Knödel

1/4 l Magermilch
50 g Butter
500 g Weizenmehl
1 Pkg. Trockenhefe
1 TL Zucker
1 Prise Salz
125 g Powidlmarmelade
Mohn
Staubzucker (Puderzucker)
zerlassene Butter

Nährwert pro Stück:

kcal: 430
Eiweiß: 10 g
Fett: 15 g
Kohlenhydrate: 63 g
Ballaststoffe: 5 g

Dampfgarer	Dämpfeinsatz	Bambuskörbchen
✔	✔	✔

Zubereitung:

Milch leicht erwärmen und die Butter darin auflösen. Mehl, Hefe, Zucker und Salz vermischen. Milch dazugießen und alles zu einem glatten Teig verkneten. Zugedeckt an einem warmen Ort ca. 30 Minuten gehen lassen.

Teig zu einer Rolle formen, 8 gleichmäßige Stücke abschneiden, auf der Hand flach drücken und mit der Marmelade füllen.

Knödel gut verschließen und in einen gelochten, eingefetteten (oder mit löchrigem Backpapier ausgelegten) Garbehälter geben. Nochmals 10 Minuten gehen lassen. Anschließend 20 Minuten dämpfen.

Mit zerlassener Butter übergießen und mit Mohn und Zucker bestreuen.

Hinweis:

Kalorienreich. Sollte deshalb nur ab und zu auf den Tisch kommen.